AYESHA

OU LA

JEUNE FILLE DE KARS,

Roman oriental,

PAR M. MORIER,

AUTEUR D'HAGGI-BABA, ETC., ETC.;

TRADUIT DE L'ANGLAIS

PAR A. J. B. DEFAUCONPRET.

> Il y a plaisir d'être dans un vaisseau battu de
> l'orage, lorsqu'on est sûr qu'il ne périra point
> PENSÉES DE BLAISE PASCAL.

PARIS,

LIBRAIRIE DE CHARLES GOSSELIN,

RUE SAINT-GERMAIN-DES-PRÈS, 9.

M DCCC XXXIV.

AYESHA.

Corbeil, imprimerie de Crété.

AYESHA

OU

LA JEUNE FILLE DE KARS,

Roman oriental

PAR M. MORIER,

AUTEUR D'HAGGI-BABA, ETC., ETC.

TRADUIT DE L'ANGLAIS

PAR A. J. B. DEFAUCONPRET.

Il y a plaisir d'être dans un vaisseau battu de
l'orage, lorsqu'on est sûr qu'il ne périra point.
PENSÉES DE BLAISE PASCAL.

I.

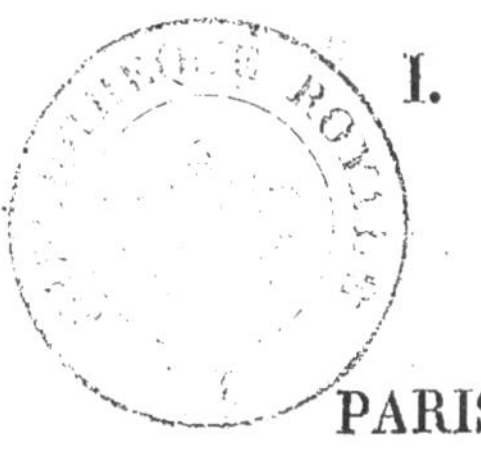

PARIS,

LIBRAIRIE DE CHARLES GOSSELIN,

RUE SAINT-GERMAIN-DES-PRÉS, 9.

M DCCC XXXIV.

AYESHA

ou

LA JEUNE FILLE DE KARS.

CHAPITRE PREMIER.

Puisque j'en ai le temps, vous saurez
cette histoire.
CHAUCER.

ENVIRON une heure avant le lever du soleil,
par une belle matinée du printemps, les grandes portes du célèbre monastère arménien
d'Etch-Miazin ou des Trois-Églises, situé au
pied du mont Ararat, sur les frontières de la Perse
et de la Turquie, s'ouvrirent pour le départ d'une
compagnie de voyageurs qui avaient reçu l'hospitalité du vénérable patriarche de ce couvent,
la nuit précédente. La lune, quoique sur son

I.

déclin, donnait encore assez de lumière pour qu'on pût distinguer la forme sublime de cette montagne qui élevait jusqu'aux nuages sa tête couverte de neige; et, en la contemplant sous ce demi-jour, à cette heure de silence solennel, on se sentait saisi d'un respect mêlé de crainte qui prenait sa source dans le caractère sacré de l'histoire de cette montagne, dans les traditions fabuleuses qui s'y rattachent et dans les mœurs féroces des tribus qui l'habitent.

Quelques instans après l'ouverture des portes, les voyageurs se mirent en marche, rangés dans l'ordre prescrit par l'étiquette turque. Le *surugi*, ou guide, marchait en tête, conduisant deux chevaux chargés des bagages; le *tatar*, ou courrier turc, le suivait. Après lui venait le principal voyageur, et son domestique était à l'arrière-garde avec ceux qui avaient voulu se joindre à la cavalcade.

Ce voyageur était un jeune seigneur anglais, un de ces jeunes gens doués d'un esprit entreprenant et plein d'ardeur, qui, quoique nés dans le sein du luxe et jouissant de tous les avantages que peut procurer la civilisation, se soumettent volontairement aux privations les plus pénibles, et bravent les dangers de toute espèce, au milieu de peuples ignorans, barbares et fanatiques, afin de secouer les préjugés auxquels on peut céder, quand on ne voit le genre humain que partiellement. Lord Osmond, c'était son nom, était l'héritier d'une noble maison. Après une absence de plusieurs années, il retournait dans sa patrie où il était attendu avec impatience par des parens qui l'idolâtraient.

Lord Osmond était aussi distingué par les grâces de son extérieur que par les qualités de son cœur et de son esprit. Son teint clair était ombragé par de beaux cheveux bruns qui se bouclaient naturellement autour d'une tête qui aurait pu servir de modèle; il avait le nez aquilin, les yeux d'un bleu foncé et empreints d'autant de douceur que d'intelligence. Sa bouche était parfaite, soit qu'il fût sérieux, soit qu'il sourît; et, en ce dernier cas, elle laissait entrevoir les dents les plus blanches et les mieux rangées. Son front, large et découvert, exprimait quelquefois la réflexion, mais toujours la franchise et l'honneur. Sans être un géant, il était d'une taille avantageuse, et tous ses membres, parfaitement proportionnés, annonçaient une force peu ordinaire. On remarquait dans ses manières quelque chose de plus grave et de plus imposant que dans celles de la plupart des jeunes gens de son âge. Dans tous ses discours, dans tous ses gestes, il montrait une dignité naturelle; et cependant il ne manquait pas de cet aimable enjouement qui attire la bienveillance et l'affection.

Sa conduite à l'Université et les succès qu'il

y avait obtenus l'avaient fait regarder comme un jeune homme donnant les plus hautes espérances. Cependant, ne se contentant pas des connaissances qu'il avait acquises dans les livres, il résolut de faire un cours d'études pratiques én voyageant dans les pays qui lui présentaient le plus d'intérêt. Ses parens ne crurent pas devoir s'opposer à ce projet. Muni de lettres de recommandation et de crédit, il parcourut d'abord les contrées méridionales de l'Europe, et, avec le temps il se trouva installé dans le palais de l'ambassadeur d'Angleterre à Constantinople. Là il dressa le plan d'un voyage en Asie; mais, avant de l'exécuter, il donna tous ses soins à l'étude de la langue turque, sachant qu'elle lui serait de la plus grande utilité pour voyager dans les domaines du sultan et dans les parties septentrionales de la Perse.

Pendant son séjour dans cette capitale, il se lia d'une amitié intime avec un des attachés de l'ambassade, nommé Édouard Wortley, jeune homme d'un grand mérite et aussi aimable que rempli de talens. Il était fils de sir Édouard Wortley, du comté d'York, connu par ses connaissances classiques et par son enthousiasme pour tout ce qui avait rapport à l'ancienne Grèce. Lors du départ de son ami, il lui promit de correspondre avec lui par toutes les occasions possibles.

Lord Osmond visita succéssivement Athènes, la Morée, la plupart des îles de l'Archipel, l'Égypte, la Syrie et la Palestine ; il traversa le désert pour se rendre à Bagdad et à Bassora. Passant ensuite le golfe persique à Bashire, il tourna ses pas vers le nord et alla à Shiraz, à Persépolis et à Ispahan. Enfin, après avoir vu la cour du shah à Téhéran, il retournait en Angleterre par Constantinople. Pendant ce long voyage, il avait presque toujours porté le costume turc, et il avait un air si véritablement oriental, que les Turcs eux-mêmes y étaient trompés; et, avant de savoir qu'il était chrétien, ils le prenaient pour un vrai croyant. En Perse, où les Turcs ne sont pas vus de très-bon œil, il avait repris l'habit anglais ; mais il l'avait quitté de nouveau en rentrant en Turquie; et, au moment où nous le rencontrons, sortant du monastère d'Etch-Miazin, il avait sur la tête un turban de belle mousseline blanche comme la neige ; à sa ceinture, une paire de pistolets richement montés; à son côté, un sabre à large lame, semblable à ceux des Mamelucks, et, sur ses épaules, une courte pelisse bordée d'hermine. Admirant le costume pittoresque des Turcs, son ambition était d'être pris pour un habitant du pays. Cette métamorphose avait pour lui de grands avantages ; mais elle n'était pas sans inconvéniens ni même sans dangers.

Si elle lui permettait de voyager sans exciter la
méfiance et sans être exposé à une curiosité im-
pertinente, d'un autre côté elle l'assujétissait
aux vexations et aux exactions que les indigènes
éprouvent de la part de leurs gouverneurs. Peut-
être ne sentait-il pas assez cet inconvénient; car
il était attaqué de turcomanie à un telle point,
qu'il cherchait à se dépouiller de tout ce qui
pouvait lui donner un air européen, croyant que
c'était le seul moyen de parvenir à bien connaître les mœurs et les usages du pays.

Avant de partir de Constantinople, il avait
congédié ses domestiques européens qui n'auraient pu que le gêner d'après le plan de voyage
qu'il s'était tracé. Il avait pris pour valet un
Grec, et un Turc devait lui servir de tatar et de
pourvoyeur sur la route. Le Grec était né dans le
village de Sédikieu, près de Smyrne, et son extérieur aurait pu le faire prendre pour un des
anciens héros de son pays. Sa taille était grande
et droite, et ses membres bien proportionnés
avaient autant de force que d'agilité; aussi ex-
cellait-il dans tous les exercices qui exigent de la
vigueur ou de l'adresse. Il avait de beaux traits,
le nez des anciens Grecs, les yeux pleins de feu,
et, quand il était complètement armé et cos-
tumé, c'était un personnage réellement imposant. Il se nommait Anastassio; mais on le nommait ordinairement, par syncope, Stasso. Il

avait toute la finesse de sa nation et tout le courage d'un lion ; et, quoiqu'il eût cette crainte respectueuse des Turcs, qui est inhérente à tous les Grecs d'Asie, il ne souffrait jamais que ce sentiment l'emportât sur ce qu'il devait à son maître, auquel il était sincèrement attaché.

Le Turc, si l'on peut lui donner ce nom, était né dans une des provinces allemandes de la Suisse. Encore enfant, il servait comme mousse sur un bâtiment marchand de Trieste, lorsqu'il fut pris par un corsaire algérien. Vendu comme esclave à un marchand égyptien, son maître le détermina à se faire musulman, le nomma Mustafa, et, au bout de quelques années, lui donna la liberté. Il devint alors un de ces tatars, ou courriers, dont un grand nombre sont toujours attachés aux pachas et aux hommes revêtus de dignités. Étant venu à Constantinople, il entra en cette qualité au service de l'ambassade d'Angleterre, et il remplit les devoirs de sa place avec zèle et fidélité. Il n'avait pas tout-à-fait oublié sa langue naturelle et il avait assez conservé de ses habitudes européennes pour offrir un singulier mélange de franc [1] et de turc tant dans ses discours que dans ses manières. Il avait une petite taille et des cheveux d'un blond

---

[1] Nom que donnent les Orientaux à tous les Européens. (*Note du Trad.*)

fade; il aurait donné tout au monde pour qu'une barbe augmentât son air de dignité; mais l'ingrate n'avait jamais voulu croître. Cependant quelques poils sur sa lèvre supérieure auraient pu passer pour des moustaches, si leur couleur, se mariant parfaitement à celle de sa peau, ne les eût rendus presque invisibles. Quoiqu'il eût adopté la marche lourde, le geste grave et l'air flegmatique des Osmanlys; quoiqu'il fumât assidument l'éternel chibouk [1] et qu'il fît entrer dans tous ses discours *Allah! Inshallah! Mash Allah!* le levain européen n'en paraissait pas moins, et il n'était que la caricature d'un Turc. Il aurait volontiers voulu faire croire qu'il était un véritable Osmanly quant à la bravoure et à l'assurance; mais il était évident que la nature avait placé le germe de la poltronnerie dans l'argile dont elle l'avait pétri, et il avait une merveilleuse perspicacité pour apercevoir le danger le plus éloigné. Lord Osmond, avant de partir pour son voyage en Asie, avait eu Mustafa pour *cicerone* et pour protecteur dans plusieurs excursions qu'il avait faites dans les environs de Constantinople et sur les rives du Bosphore. Satisfait de ses services, il l'avait demandé à l'ambassadeur pour l'accompagner en Asie, et comme il avait promis à Mustafa de

[1] Pipe turque. (*Note du Trad.*)

le bien payer et de le ramener en sûreté à Constantinople, celui-ci y avait consenti avec plaisir.

Pendant la première partie de la matinée, tandis que la plaine était couverte de vapeurs grises, et qu'on pouvait à peine distinguer les formes diverses des montagnes, nos voyageurs marchèrent en silence. Le surugi allait en avant avec l'indifférence d'un homme qui traverse un canton qu'ils connaît parfaitement. Osmond dirigeait ses idées vers l'Angleterre, jouissait d'avance du plaisir de revoir ses parens et ses amis, se livrait à des conjectures sur sa destinée future et réfléchissait aux divers événemens qui pouvaient s'être passés depuis son départ d'Angleterre. Stasso cherchait à se rappeler s'il n'avait rien oublié, chez les vénérables moines d'Etch-Miazin, des effets appartenant à son maître. Mustafa regardait sans cesse autour de lui, principalement du côté des montagnes, craignant quelque embuscade de brigands, et les dangers imaginaires dont pouvait les menacer la rencontre d'une Dive ou d'une Goule. Le jour commençait à paraître quand il aperçut, à une assez grande distance, dans la direction de la route qu'ils suivaient, deux objets qui lui parurent suspects et qu'il prit pour des hommes à cheval. Il les considéra quelques instans en silence; mais enfin, pressant le pas de son cheval, il s'approcha du surugi, et lui dit : — Regardez là-bas et dites-moi ce que vous voyez.

— Comment le saurais-je? répondit le guide; ce peut être des pierres, des arbres ou des hommes.

— Que me dites-vous là? répliqua Mustafa; des pierres sont des pierres; mais des hommes sont autre chose. Je crois plutôt que ce sont des hommes.

— Peut-être oui, peut-être non, dit le guide d'un ton insouciant. *Bakalum*, nous verrons.

Osmond avait remarqué les gestes que faisait Mustafa en parlant au surugi, et il le rappela, en lui criant: — De quoi s'agit-il donc? Que montrez-vous au surugi? Il lui parlait ordinairement en anglais; car Mustafa avait appris cette langue depuis qu'il était au service de l'ambassade d'Angleterre, et Mustafa lui répondait dans la même langue lorsqu'il ne se trouvait aucun Turc dans la compagnie; mais, dans le cas contraire, on n'aurait pu lui arracher un seul mot d'anglais de crainte qu'on ne le soupçonnât de ne pas être un vrai croyant. En cette occasion, il s'approcha d'Osmond, et lui dit en baissant la voix, pour ne pas courir le risque d'être entendu par le surugi: — Cet endroit est dangereux, Mylord; nous sommes près du pays de Cara Bey, et nous n'avons pas trop de nos deux yeux pour veiller à notre sûreté. Ne voyez-vous pas quelque chose là-bas; des hommes à

cheval? et il lui montra les objets encore indis-
tincts qui lui donnaient de l'inquiétude.

Osmond tourna la tête du côté que le bras
étendu de Mustafa lui indiquait : — Si ce sont
des hommes, dit-il, ce sont probablement des
voyageurs comme nous. Que nous importe?

— Ah! s'écria le tatar en soupirant, vous ne
savez pas que ce pays n'est pas l'Angleterre. On
trouve ici des Kounder, des Yézidis, des Arméniens, des Lesgis, tous aussi brigands les uns
que les autres. Le sultan de Turquie et le shah
de Perse ne sont que de la boue à leurs yeux, et,
en vous coupant la gorge, ils crient: *Bismillah!*
au nom du prophète! comme s'ils égorgeaient un
agneau.

En ce moment, les premiers rayons du jour
commençaient à briller du côté de l'orient et
rendaient plus distincts les objets dans le lointain. Tout à coup le Grec, dont les yeux de lynx
étaient fixés sur les prétendus cavaliers, qui
n'avaient pas changé de position, s'écria: — Et
vous appelez cela des hommes, Mustafa Aga? *Ti
diavolo!* que diable! ce sont des arbres.

Mustafa lui-même s'aperçut de sa méprise,
son front s'éclaircit, et, remplissant sa pipe
en signe de satisfaction, il alla reprendre sa
place à la suite du surugi.

Osmond le rappela. — Quel est ce Cara Bey
dont vous venez de prononcer le nom? lui de-

manda-t-il. J'en ai déjà entendu parler; mais je ne me croyais pas si près de ses domaines.

Mustafa vint se placer à côté de lord Osmond, car cette apparence de familiarité entre le maître et le serviteur est assez commune dans l'Orient, quoiqu'un vrai tatar turc ne veuille jamais convenir qu'il soit le serviteur de personne; bien qu'il parlât en Anglais, il baissa la voix de peur que le surugi, qui était pourtant à une certaine distance, n'entendît le nom de Cara Bey.

— Cara Bey! dit-il en secouant son manteau comme pour en faire tomber la poussière; Cara Bey est *Sheitan*, Satan, un Yézidi, un adorateur du diable. Il ne connaît ni les lois ni la piété ; il ne se soucie ni du sultan ni du shah; s'il s'empare de vous, il vous laisse nu comme la main, et vous êtes bien heureux s'il ne vous massacre pas ensuite. C'est un bandit; son père et son grand-père étaient des bandits; ses enfans et ses petits-enfans seront des bandits. Que puis-je dire de plus ?

— Où demeure ce misérable? demande Osmond en souriant des honneurs héréditaires, en ligne ascendante et descendante, conférés par Mustafa à Cara Bey; traverserons-nous une partie de ses domaines ?

— Il demeure, répondit Mustafa en étendant le bras du côté du nord, dans un château voisin des frontières de la Russie; dans un château qui ressemble à mon bonnet.

Il voulait dire que le château de Cara Bey était situé sur le sommet d'une montagne escarpée en forme de cône, et la comparaison était excellente; car le bonnet des tatars forme un cylindre surmonté par une espèce de houppe de couleur jaune.

— Personne n'a jamais pris ce château, continua Mustafa, et personne ne peut le prendre. Le Turc, le Kuzzilbash, le Moscovite, l'ont essayé tour à tour; tous ont échoué. Il est perché sur son rocher comme l'aigle noir qui cherche une proie.

— Et qu'avons-nous à craindre de lui? reprit Osmond; son château est situé loin de notre route, et je suppose que le gouvernement turc surveille avec soin tous ses mouvemens.

— A craindre! dit Mustafa en se donnant un air de bravoure; qui parle de craindre? Mais, en passant sur la montagne de Savanlu, il faut toujours avoir la barbe sur l'épaule, parce que c'est là qu'il envoie ses brigands, et il y va souvent lui-même. C'est là qu'il pille les caravanes et qu'il massacre et empale les voyageurs.

— Mais, comme je le disais tout à l'heure, dit Osmond, le gouvernement turc entretient sans doute une bonne garde sur la route pour la mettre à l'abri de ses déprédations?

— Le gouvernement turc! s'écria le tatar avec l'accent d'un souverain mépris; tous les Turcs sont des ânes; leurs pères et leurs mères ont été des ânes depuis le commencement du monde, et leurs descendans seront des ânes jusqu'à la dernière génération. Cara Bey se moque du gouvernement turc, et fait ceci quand il en parle. Et en prononçant ces mots, il frappa son coude droit de la main gauche, ce qui est la plus grande marque de mépris que puisse donner un Turc.

La description que faisait Mustafa de ce célèbre brigand, amusa Osmond et augmenta le désir qu'il avait déjà de le connaître. D'ailleurs, il avait souvent souhaité trouver l'occasion de s'instruire par lui-même de la manière de vivre, des rites religieux et des coutumes sociales des Yézidis, peuple extraordinaire et mystérieux, et dont il avait entendu tant de récits contradictoires.

— Savez-vous quelque chose des Yézidis? demanda-t-il à Mustafa. Est-il vrai qu'ils adorent le diable?

— Les Yézidis sont une tribu de Kourdes, répondit le tatar; ils habitent, pour la plupart, les montagnes du Kourdistan. Ils portent le même costume et parlent la même langue. Chacun sait que si vous dites devant un Yézidi: *Lahnet be Sheitan!* maudit soit Satan! il tombera sur vous et vous tuera s'il le peut. J'ai appris tout cela sur la route en portant des depêches entre la Turquie et la Perse; mais si les Turcs haïssent un peuple plus qu'un autre c'est cette tribu détestable.

Stasso avait écouté avec attention tout ce qu'il avait pu entendre de cette conversation; et, voyant que son maître cherchait à avoir des informations sur les Yézidis, il lui dit avec cet empressement officieux qui caractérise les Grecs :—J'ai une fois joué un bon tour à un drôle qu'on m'avait dit être un Yézidi. Je traçai un cercle autour de lui, en disant *Lahnet be Sheitan!* Vrai, comme je vous baise les yeux, je voudrais que vous l'eussiez vu. Il écumait de rage, il s'arrachait les cheveux, il aurait voulu me mettre en pièces; mais, pour le monde entier, il n'aurait osé sortir du cercle. Voilà ce que je sais; que puis-je dire de plus?

—Et n'ont-ils pas de fêtes, de rites religieux? demanda Osmond.

— Que le Ciel leur envoie toutes les calamités! s'écria Mustafa sans élever la voix, de peur d'être entendu par le surugi. Je n'ai jamais entendu parler que d'une seule de leurs fêtes ou cérémonies religieuses, et peut-être ce qu'on m'en à dit est-il faux. Un certain jour de l'automne, les Yézidis de toutes les parties du Kourdistan se réunissent, hommes et femmes, dans une grande salle; ils passent la première partie de la nuit à boire et à manger, éteignent ensuite toutes les lumières et ne disent plus un mot jusqu'au lendemain matin. Alors ils retournent chacun chez soi, et puisse Allah faire descendre ses malédictions sur leur route? Voilà ce qui m'a été dit, et Dieu seul sait si cela est vrai; car ils sont très-mystérieux et ils ne permettent à aucun étranger de prendre part à ce qu'ils font de bien ou du mal.

Nos voyageurs charmèrent, en conversant ainsi, l'ennui de la longue route qui traverse la contrée aride qu'on trouve le long de la base de la chaîne de l'Ararat. Enfin ils arrivèrent au misérable village d'Hajjibiramlu, situé sur les frontières de la Perse et de la Turquie, et ils se disposèrent à y passer la nuit. Stasso, après avoir étendu le tapis et préparé le lit de son maître, remplit les fonctions de cuisinier et servit à lord Osmond un pilau avec deux volailles coriaces pour son dîner, tandis que Mustafa alla retenir des chevaux et s'assurer d'un guide pour se remettre en route le lendemain.

CHAPITRE II.

S'il est possible de marquer aujour-
d'hui l'endroit où Adam et Ève ont pris
naissance, c'est certainement le pays où
nous sommes.

TOURNEFORT, *Lettre XIX.*

L'ARPACHAI est une rivière rapide qui passe
près du village d'Hajjibiramlu , et qui, après
avoir tourné autour de la base d'un rocher escarpé,
joint ses eaux à celles de l'Araxe et finit par se
jeter avec le Cyrus dans la Mer-Caspienne. Il n'y
a d'autre moyen de la traverser que de la passer
à gué, ce qui est très-difficile dans toutes les
saisons de l'année à cause de sa rapidité et des
grosses pierres détachées qui en forment le lit
et qui ne permettent ni aux hommes ni aux

chevaux et aux mulets d'avoir le pied sûr. L'eau en était alors particulièrement trouble, car, pendant le printemps, les neiges, qui couvrent les montagnes, commencent à se fondre, ce qui la grossit considérablement et en rend le cours plus impétueux.

Le jour ne paraissait pas encore quand nos voyageurs arrivèrent sur les bords de cette rivière. Mustafa en ce moment s'approcha de son maître et lui dit d'un ton mystérieux et à voix basse, en lui montrant le nouveau surugi : — Méfiez-vous de lui, c'est un méchant homme, un diable ! Ne restez pas en arrière aujourd'hui ; il faut que nous marchions tous ensemble. Je vous dis que c'est un vaurien.

—Comment le savez-vous, Mustafa ? demanda Osmond pouvant à peine s'empêcher de sourire.

— Vous n'avez pas de pareils drôles en Angleterre , répondit Mustafa, mais ici nous les connaissons : c'est un Yézidi ; je le vois à son bonnet noir et à sa chevelure. Je vous le répète , ne restez pas en arrière.

Osmond regarda alors son nouveau guide avec attention ; et, dans le fait, c'était un homme très-remarquable. Il y avait dans son extérieur quelque chose de mystérieux qui était difficile à définir. Pour un Asiatique, sa physionomie était assez prévenante, mais ses regards annonçaient

l'habitude de la précaution. Il avait la peau naturellement blanche, quoique basanée par le soleil;
il était de petite taille, mais agile et vigoureux.
il parlait peu, mais rien de ce qui se passait ne
lui échappait, et ses yeux, toujours actifs, quoique
ombragés par les franges et les glands de son
bonnet kourde, observaient constamment les
mouvemens de ses compagnons. Lorsqu'il fut
question de passer la rivière, il montra l'endroit
le plus convenable pour la traverser à gué, et,
quoique l'eau eût une rapidité effrayante et fût
couverte d'écume, il y poussa son cheval, qui
paraissait une misérable rosse. Il fit marcher
devant lui les chevaux de somme, tandis que des
paysans, qui n'avaient gardé de leurs vêtemens
que leurs pantalons, les tenaient par la bride et
maintenaient l'équilibre du fardeau qu'ils portaient.

Lord Osmond, le tatar et le Grec, étaient restés
sur le bord de la rivière et attendaient que les
chevaux chargés du bagage fussent arrivés sur
l'autre rive, pour passer le gué à leur tour. Le
trajet s'effectuait heureusement, quand tout à
coup le surugi et sa monture disparurent. Son
cheval avait manqué des deux pieds de devant,
et avait été renversé et emporté avec son cavalier
par la rapidité du courant. La perte du surugi
semblait inévitable, et on le voyait paraître et
disparaître successivement, luttant inutilement

contre la violence des eaux. Osmond remarqua
que la rivière, à peu de distance, faisait un coude
pour tourner autour d'un rocher, et qu'un gros
arbre était tombé en cet endroit, et, convaincu
que son malheureux guide devait en passer très-
près, il mit son cheval au galop, y arriva avec la
rapidité de l'éclair et se jeta dans l'eau, sans
hésiter; à l'instant où le surugi épuisé repa-
raissait à la surface probablement pour la dernière fois, il le saisit d'un bras vigoureux et
parvint à le traîner sur la rive. Le malheureux
avait perdu connaissance; mais il recouvra
promptement l'usage de ses sens, et il reconnut
à qui il devait la vie. Que ce fût un homme ou
un diable, le fait est que personne n'aurait pu
montrer plus de reconnaissance à celui qui
l'avait sauvé. Il se jeta à ses pieds, lui baisa les
mains et les genoux, et enfin fit toutes les
démonstrations d'une gratitude que rien ne
pouvait égaler.

Osmond l'engaga à retourner chez lui, en
lui disant qu'il prendrait un guide parmi les
paysans qui l'accompagnaient; mais il s'y refusa
positivement, et il fit ce refus d'un ton qui
paraissait indiquer qu'il avait pour cela des rai-
sons particulières. Il insista pour qu'on passât
la rivière sur le champ, et dit que, pour peu
qu'on tardât, l'eau augmenterait et le gué ne
serait plus praticable. Osmond suivit son avis

et le passage de la rivière se fit sans autre accident.

Ils commencèrent alors à gravir une montagne par un chemin qui tournait sans cesse, et,
pendant ce temps, Mustafa ne cessait de regretter qu'Osmond eût empéché le surugi de se
noyer. — Je suis sûr, disait-il, que c'est un des
espions de Cara Bey; car je sais qu'il en a un
grand nombre à sa solde pour l'avertir du passage des voyageurs qui peuvent lui valoir quelque butin. Osmond chercha à faire comprendre
à son tatar le dogme du christianisme qui nous
prescrit de faire aux autres ce que nous vou-
drions qu'ils nous fissent; mais Mustafa n'entendait pas de cette oreille. Si je sais que cet homme
veut m'ôter la vie, répondit-il, pourquoi ne la
lui ôterais-je pas quand je le puis? — Notre religion nous apprend un autre précepte, répliqua
Osmond; elle nous défend de faire le mal,
même pour arriver à un bien. Devez-vous laisser
périr un de vos semblables, uniquement parce
que vous soupçonnez qu'il a de mauvais desseins
contre vous? Vous verrez peut-être que j'aurai
lieu de me féliciter d'avoir agi comme je l'ai
fait. — Allah le sait, répliqua le tatar. *Kismet*,
le destin, gouverne tout; et, après tout, il faut
nous soumettre à ses lois.

Osmond saisissait toutes les occasions qu'il
trouvait pour chercher à éclairer l'esprit du

pauvre Mustafa qui avait adopté les idées des Turcs sur la prédestination, doctrine très-commode, qui leur évite la peine de réfléchir et de raisonner, et qui fait que leur dernier argument est toujours : *Bakalum,* nous verrons. Lord Osmond s'arrêta quelques instans pour contempler le confluent de l'Arpachai et de l'Araxe; et comme le surugi continuait à marcher, Mustafa répéta l'avis qu'il avait déjà donné à son maître de ne pas rester en arrière.

Ils se trouvaient alors sur la partie la plus haute de l'Arménie, comme le prouvait la neige qui couvrait encore la terre, et ils étaient dans l'endroit qui était particulièrement le théâtre des déprédations de Cara Bey et de sa bande. Les craintes de Mustafa redoublèrent en ce moment; il jetait sans cesse les yeux de tous côtés autour de lui; chaque objet qu'il pouvait apercevoir dans le lointain lui paraissait un cavalier armé, et le moindre bruit qu'il croyait entendre lui semblait le signal d'une attaque. Le surugi, qui ne cessait de montrer le plus grand désir de prouver sa reconnaissance, s'aperçut des inquiétudes du tatar, et lui dit : — *Korkma,* n'ayez pas peur; *bir chey yok,* ce n'est rien.

— Que voulez-vous dire par *Korkma?* répondit Mustafa; nous ne sommes pas des enfans pour avoir peur. Gloire soit à Allah! nous sommes toujours prêts, au nom du prophète, quoi que le destin ordonne de nous. Que le Bey qui vole sur ces montagnes soit blanc ou noir [1], nous sommes toujours prêts à nous trouver face à face avec lui.

Le surugi le regarda avec un air de mépris qui lui imposa silence, et qui semblait dire : Taisez-vous; car vous ne valez pas la peine que je vous réponde. Se tournant vers Stasso, il lui fit signe de venir près de lui, et lui dit ensuite : — Par votre tête! par l'âme de votre maître! moi, Hassan, pauvre surugi, je ne suis rien ; et pourtant, grâces en soient rendues à Allah! je puis rendre service aujourd'hui à votre maître. Ne souffrez pas que ce sot Osmanli se mêle de rien ; mais si le Beyzadeh [2] voit des cavaliers s'approcher, qu'il ne soit point alarmé. Par cette pauvre tête qu'il a sauvée, je jure qu'il ne lui arrivera rien de fâcheux ; je le conduirai à Kars en toute sûreté, j'en répond sur ma tête. Si Cara Bey lui-même se présentait, il nous dirait : *Salam aleikum*, que la paix soit avec vous! et nous permettrait de continuer notre chemin. Qu'il ne fasse donc aucune démonstration de résistance ; qu'il ne touche même pas à ses pistolets, car il pourrait s'en mal trouver. S'il reste

[1] Cara Bey signifie le Bey ou seigneur noir. (*Note de l'Auteur.*)

[2] Beyzadeh signifie le fils du Bey ou du seigneur. (*Id.*)

calme et tranquille, je garantis sur ma vie qu'il ne sera pas inquiété.

Stasso rendit compte à son maître de ce qu'il venait d'apprendre, et celui-ci, après y avoir réfléchi un instant, appela Mustafa et lui demanda son opinion sur ce qu'il devait faire; car il lui paraissait évident qu'ils rencontreraient bientôt quelques uns des honnêtes gens qui causaient les craintes du tatar.

—Ne vous avais-je pas dit qu'il y avait dans tout ceci quelque diablerie? répondit Mustafa les joues pâles de terreur. Ce que nous avons de mieux à faire est de retourner promptement sur nos pas. Oh! pourquoi ne l'avez-vous pas laissé se noyer! Si vous aviez seulement laissé agir le destin, il aurait pourvu à notre sûreté en le noyant.

Osmond ne fut pas du même avis; il vit sur le champ qu'il était dans une situation où le courage personnel ne pouvait être d'aucune utilité; que quelque plan d'attaque avait été concerté contre lui, et que son guide y avait pris part; et il crut qu'il serait plus prudent de se fier aux promesses d'Hassan que de se préparer à se défendre. Il fut fort heureux pour lui et pour ses compagnons qu'il eût pris cette détermination; car, quelques minutes après, en tournant un coude que faisait la route, il aperçut tout à coup à peu de distance deux cavaliers bien

montés et bien armés, portant le costume kourde
et ayant l'air de véritables bandits. Dès qu'Hassan les eut vus, il prit le galop pour aller les
joindre. La consternation de Mustafa fut alors
à son comble ; Osmond continua à s'avancer
sans montrer aucune inquiétude, et Stasso, par
un mouvement d'instinct, prit en main son
mousquet qu'il portait en bandoulière sur son
épaule. Osmond examina avec soin ce qui se
passait entre le surugi et les deux cavaliers ; ils
semblaient mécontens d'être arrêtés, et l'on
voyait, aux gestes d'Hassan, qu'il leur faisait
quelque récit auquel il attachait une grande importance. Enfin les deux cavaliers s'éloignèrent,
et Hassan revint reprendre son poste et ses fonctions.

— Qu'est-il arrivé ? demanda Mustafa à voix
haute en se redressant sur sa selle quand il vit
qu'il n'y avait plus aucune apparence de danger,
que nous veulent ces deux chiens ?

Hassan, ne faisant aucune attention à ce que
disait le tatar, s'avança vers Osmond, prit un
pan de ses vêtemens et le baisa. Il lui dit ensuite que les deux cavaliers auxquels il venait de
parler étaient au service de Carra Bey ; que leur
chef était dans les environs, et qu'ils étaient
allés lui rendre compte de tout ce qu'il leur
avait dit, et notamment du service qu'Osmond
lui avait rendu, et qui ferait qu'ils ne seraient

ni attaqués ni inquiétés, ce qu'il garantit de nouveau sur sa tête.

Osmond parut accorder pleine confiance aux assurances que lui donnait son guide ; et cependant il crut que le plus sage était de profiter du moment pour avancer en toute diligence, de crainte que la magnanimité de Cara Bey ne fût pas tout à fait égale à la reconnaissance du surugi. Ils mirent donc leurs chevaux au galop, et traversèrent ainsi le village arménien d'Ekrek dont les habitans consternés attendaient avec crainte et tremblement une visite du terrible Carra Bey. Ils demandèrent à nos voyageurs s'ils l'avaient vu, et où il était, et parurent surpris qu'ils n'eussent pas été attaqués.

Mustafa, tout en fouettant vigoureusement sa monture, ne cessait de regarder derrière lui. En gravissant la montagne qui est à peu de distance d'Ekrek, il vit une troupe assez nombreuse de cavaliers qui s'avançaient vers ce village, du côté opposé, et il n'y avait nul doute que ce ne fût ce chef redoutable et sa bande. Pressant la marche du surugi et des chevaux chargés du bagage, il était arrivé sur le sommet de la montagne, et il commençait à la descendre quand, en jetant un coup d'œil derrière lui, il vit que lord Osmond s'était arrêté, avait pris son portefeuille et était à dessiner avec autant de sang-froid que s'il n'eût pas existé de Cara Bey dans le monde.

Dans le fait, le paysage dont Osmond esquissait les principaux traits, offrait peut-être la vue la plus sublime et la plus intéressante de toute l'Asie; il embrassait cette région qu'on peut considérer comme le berceau du genre humain, qui rappela à son esprit la description qu'en fait Moïse. Tandis qu'il avait les yeux fixés sur la magnifique et verdoyante Géorgie, arrosée par le Géhon, le second fleuve, et l'Euphrate le quatrième[1], il se demanda si ce pouvait bien être là qu'avait été le jardin d'Éden. Il voyait le sublime Ararat s'élever devant lui dans sa grandeur sans égale, tandis que les plaines couvertes de vapeurs d'Érivan et le monastère des Trois-Églises disparaissaient dans le lointain. Il pouvait distinguer les rians paturages d'Abéran, la montagne d'Aligez, rivale de l'Ararat, et suivre les détours que fait l'Araxe après avoir reçu le tribut des eaux de l'Arpachai. Quel œil aurait pu voir une telle scène sans enthousiasme ? Ce n'était pas celui d'Osmond. Mais aux impressions religieuses qui l'avaient d'abord frappé se joignirent bientôt des souvenirs classiques; c'était cette région, étendue sous ses pieds comme une immense carte de géographie, qui avait vu la célèbre retraite des dix mille si bien décrite par Xénophon.

[1] Genèse, chap. II, v. 13 et 14.

Tandis qu'il était occupé de ces réflexions et d'autres semblables, il entendit la voix de Mustafa qui s'écriait d'un ton moitié suppliant, moitié courroucé : — Pourquoi restez-vous en arrière ? ce pays est dangereux. Allah! Allah! avez-vous perdu l'esprit, Cara Bey est à deux pas de nous, et vous vous arrêtez! Stasso était resté avec son maître; il tenait en main son fusil armé, et avait les yeux tournés du côté par où les brigands pouvaient arriver. Il ne disait rien, mais il tremblait d'impatience sur sa selle en voyant son maître se livrer si à contretemps à son admiration pour le pittoresque.

Ni les exclamations de Mustafa, ni l'impatience de Stasso ne purent faire tomber le crayon des mains d'Osmond, ni détourner ses yeux d'une vue si attrayante. Dans le fait, il n'y avait pas d'attaque à craindre de la part de Cara Bey, car le redoutable personnage, après avoir reçu le rapport de ses védettes, s'était établi pour toute la journée dans le village d'Ekrek, et ne songeait qu'à s'y divertir aux dépens des malheureux habitans. C'était sa coutume de rôder dans tout le pays, quand il pouvait le faire avec impunité; car il était presque en guerre ouverte avec toutes les autorités des environs, turques, persanes et russes; et il passait les jours et les nuits à boire et à se livrer à la débauche.

Osmond finit enfin son esquisse, et, remettant son portefeuille dans sa poche, il commença à descendre la montagne. Mustafa aurait bien voulu reprendre le galop, quoique la descente fût raide et qu'il s'y trouvât des inégalités dangereuses ; mais il ne convenait plus à son maître d'aller si vite ; sa curiosité était éveillée, et il voulait apprendre le nom de tous les endroits qu'il voyait et la situation de places intéressantes qu'il savait devoir être dans ces environs. Le tatar lui montra la ville de Kars, où ils devaient arriver la nuit suivante et qu'on apercevait, même de cette distance, attendu la couleur sombre de ses murs et la hauteur des tours du château qui dominait la ville ; pendant ce temps, le surugi avait toujours les yeux dirigés du côté du nord. Osmond le remarqua et lui demanda ce qu'il regardait. — *Bir chey yok ; ce* n'est rien, répondit Hassan avec un air d'ignorance qui avait quelque chose de mystérieux.

— Il regarde sa maison, la maison du diable dit Mustafa en s'approchant de son maître.

— Que voulez-vous dire ? demanda Osmond.

— Le château de Cara Bey est là-bas, répondit Mustafa en lui montrant un point éloigné dans la direction de la chaîne du mont Aligez.

Osmond appela le guide. — On m'assure lui dit-il, qu'on peut voir d'ici la demeure de Cara Bey ; cela est-il vrai ?

— Que sais-je ? répondit le surugi, peut-être on le peut.

— De quel coté est-elle ?

— *Bak*, voyez, répondit Hassan avec un peu d'hésitation ; et, plaçant une main au dessus de ses yeux, il ajouta : Voyez-vous cette montagne surmontée d'un rocher ?

— Oui.

— Eh bien, ce n'est pas cela. Voyez-vous plus loin, sur la droite, une petite hauteur au-delà d'une rivière ?

— Oui.

— Ce n'est pas encore cela. Voyez-vous plus en arrière quelques ruines au pied d'une montagne ?

— Je les vois.

— Eh bien, vous n'y êtes pas encore. Mais regardez plus loin en droite ligne, et sur le sommet d'une montagne vous apercevrez un point noir : c'est le château de Cara Bey.

— Je ne le vois pas.

— Non ? Regardez comme si vous vouliez voir le bout du monde, et vous le verrez.

— Je le vois, je le vois ! sécria enfin Osmond.

— *Na to ne*, le voilà ! dit Stasso.

— *Allah bela versin*, que le Ciel y verse les calamités ! murmura Mustafa à demi voix ; je ne le vois que trop bien.

— Et c'est là le château de Cara Bey? dit Osmond. Est-il situé sur les domaines du shah ou sur ceux du sultan ?

— Que sais-je ? répondit Hassan. C'est un château, c'est l'œuvre de Dieu

— Quel est son nom ? demanda Osmond.

— Que sais-je ? dit encore Hassan. On l'appelle le *Kasr*, le château.

— Vrai comme Allah est grand, dit Mustafa, on l'appelle *Tepeh Dive*, le château du diable.

Le surugi détouna la tête pour jeter un regard menaçant sur le tatar, tandis qu'Osmond faisait une nouvelle question.

— Quelle est cette ville qu'on voit là-bas ? elle paraît considérable.

— C'est une ville de *giaours* en ruines, dit Mustafa. On l'appelle Anni. *Bosh der*, ce n'est rien.

— Anni ! s'écria Osmond avec un vif intérêt. Est-ce la fameuse Anni ? il faut que je la voie. Ne pouvons-nous y aller à présent ?

— Au Ciel ne plaise ! s'écria Mustafa avec horreur ; songez-vous à ce que vous dites ? C'est le rendez-vous de tous les coquins et de tous les brigands du pays. La tête d'un homme qui se hasarderait à y entrer ne vaudrait pas un para [1]. Quant à moi je me garderai bien d'y aller.

____

[1] Petite monnaie turque. (*Note du Trad.*)

Lord Osmond n'insista pas pour le moment, car il voyait que les misérables chevaux qu'ils montaient pourraient à peine les conduire à la fin de leur journée et étaient hors d'état de faire un plus long voyage; mais il se promit mentalement de ne pas quitter ces environs sans avoir vu les restes d'une cité presque inconnue aux voyageurs européens, et qu'on dit avoir été, dans le temps de sa prospérité, le séjour d'un peuple plus civilisé et plus heureux qu'aucun de ceux qui occupent maintenant cette contrée.

Ils continuèrent donc à avancer vers Kars; le jour tirait vers sa fin quand ils entrèrent dans la plaine sur laquelle cette ville est située. Mustafa avait alors entièrement oublié ses craintes, et reprenant l'air de dignité d'un tatar, assis perpendiculairement sur sa selle, il caressait à grands coups de fouet le dos des chevaux de somme avec le même zèle que s'il eût encore craint d'être poursuivi par Cara Bey. Un regard de hauteur et de mépris que lui lançait de temps en temps le mystérieux Hassan interrompait quelquefois cette opération; mais le fouet recommençait bientot à jouer son rôle, car, ayant Kars devant les yeux, il jouissait d'avance des plaisirs du bain, du pilau délicieux et des airs d'importance qu'il pourrait se donner dans les cafés, trois points qui constituent le suprême bonheur d'un Turc.

Enfin le surugi poussa ce long cri qui annonce de bien loin l'arrivée de voyageurs au maître du *Menzil Khaneh* ou maison de poste. Osmond, fatigué de cette longue journée, entendit avec plaisir ce son précurseur du repos dont il allait jouir. Stasso releva ses moustaches, jeta un coup d'œil sur les pistolets passés dans sa ceinture et se mit à réfléchir comment il pourrait se faire passer pour un Osmanli parmi le nouveau peuple chez lequel il arrivait.

Le soleil allait se coucher, lorsque nos voyageurs traversèrent le pont jeté sur la rivière de Kars, et ses derniers rayons éclairaient encore les sombres murs de la ville qui s'élevait devant eux. Il restait à peine assez de forces à leurs chevaux pour se soutenir dans les rues étroites et mal pavées par où ils passaient; ils glissaient à chaque instant, et les jambes leur auraient manqué sans l'application continuelle du fouet de Mustafa et les coups d'étriers de leurs cavaliers. Le surugi se dirigeait vers le *Menzil Khaneh*; mais Stasso, après avoir reçu les ordres de son maître, dit à Mustafa de les conduire dans quelque maison privée où ils pourraient trouver un logement plus propre et plus commode que ceux qu'offre ordinairement un *Menzil Khaneh*. Cet ordre fut transmis à Hassan qui les conduisit sur le champ chez un teinturier nommé Bogos, Arménien qui jouissait d'une

grande considération dans la ville, et qui, comme
il le savait, aimait à recevoir chez lui un Franc.
Après avoir traversé quelques uns des bazars et
des bézesteins, ils entrèrent dans une rue étroite,
bordée de maisons très-élevées dont chacune
semblait un château-fort; elle était pavée en
grandes dalles de pierre, de sorte que les chevaux pouvaient à peine y tenir pied.

Le surugi, suivi de Mustafa et des chevaux de
somme, venait de tourner le coin d'une autre
rue pour entrer dans la cour de l'Arménien,
quand Osmond, que Stasso suivait à quelques
pas, arrêta son cheval comme par instinct, en
voyant deux femmes à la porte de la maison
voisine de celle dans laquelle ils allaient entrer, et qui s'étaient retournées pour jeter un
coup d'œil sur les étrangers qui arrivaient. L'une
d'elles était jeune, bien faite et de belle taille;
son voile glissa, tandis qu'Osmond la regardait, et
lui permit de voir des traits qui firent sur lui la
plus vive impression, impression qui rendit
encore plus profond l'air de modestie angéli-
que qui régnait dans toutes ses manières. Il la
dévorait des yeux et il sentit son cœur s'ouvrir
à un sentiment qu'il n'avait pas encore connu
jusqu'alors. Sans l'impossibilité de rendre sa
jouissance durable, il n'aurait pu quitter l'endroit où il s'était arrêté. Cette charmante créature était accompagnée d'une esclave noire dont

la figure de bonne humeur annonçait le plaisir qu'elle avait à voir des étrangers ; deux rangs de dents du plus bel ivoire se montraient au milieu du corail de ses lèvres, et sa peau d'é-bène contrastait avec le teint de lys et de roses de sa jeune maîtresse. Lorsqu'elles entrèrent dans la maison, Osmond voulut remettre son cheval en marche ; mais l'animal fatigué fit un faux pas, s'abattit et Osmond, renversé, tomba sur les degrés qui conduisaient à la porte de la maison du bel objet de son admiration. Sa chûte fit pousser un cri à la jeune fille, et, au lieu de s'enfuir comme l'auraient fait la plupart des femmes de sa nation, elle accourut pour lui donner du secours. Le son de sa voix, la plus harmonieuse qui fût jamais sortie de dessous un voile, porta à son comble l'enchantement d'Osmond. En se relevant, il la salua avec un air d'admiration respectueuse, hommage qu'elle n'aurait jamais reçu d'un de ses compatriotes, et cette circonstance fit aussi sur elle une impression favorable à l'étranger. Elle se retira dès qu'il fut remonté à cheval, et ce ne fut qu'alors qu'il sentit au genou droit une forte douleur occasionée par sa chûte.

Étant entré dans la cour de la maison où il devait loger, il descendit de cheval, non sans peine et à l'aide de Stasso et de Mustafa ; il monta l'escalier conduisant à la chambre qui

lui était destinée. A peine y était-il arrivé qu'il
commença à sentir un frisson et d'autres indices de fièvre ; car il est rare que l'homme le
mieux portant et le plus vigoureux puisse voyager toute une journée avec des habits mouillés,
sans se ressentir des suites de cette imprudence.

CHAPITRE III

> Non seulement Kars est une ville
> dangereuse à cause des voleurs, mais
> les officiers turcs y font ordinairement
> de grandes avanies aux étrangers et en
> tirent tout ce qu'ils peuvent.
>
> TOURNEFORT, *Lettre XVIII*.

LORD OSMOND ne se serait guères douté qu'après avoir passé les frontières de la Turquie et de la Perse, comme nous venons de le rapporter; après avoir surmonté les dangers et les difficultés qui pouvaient se trouver entre lui et sa patrie, son destin, son *Kismet*, comme diraient les Turcs, l'entraînerait dans des aventures qui devaient avoir une grande influence sur sa vie future, et l'arrêterait dans une ville où il n'avait eu aucun dessein de séjourner, quoi-

qu'il fût toujours disposé à chercher les occasions de s'instruire des mœurs et des coutumes
des peuples parmi lesquels il voyageait.

Ce fut pourtant ce qui lui arriva; et nous allons interrompre un instant le cours de notre
histoire pour apprendre à nos lecteurs dans
quel état se trouvait la ville de Kars à cette
époque.

Kars, quoique remontant à une origine fort
ancienne, est aujourd'hui une place d'assez peu
d'importance, et elle n'est guère remarquable
qu'en ce qu'elle est la dernière ville frontière
appartenant à la Turquie sur les confins du
nord-est de la Perse. Elle est bâtie sur une hauteur exposée au sud-est. Un château situé sur un
rocher escarpé, dans une position pittoresque,
commande la ville; et ses tours noires, qui
commencent à tomber en ruines, lui donnent
une apparence de force qui n'a rien de réel. Le
territoire qui entoure la ville forme une sorte
d'amphithéâtre derrière lequel est une vallée où
serpente la rivière qui porte le même nom. Un
mur, construit en pierres et flanqué de tourelles
carrées de distance en distance, entoure la ville
de toutes parts, et, suivant la coutume générale
en Asie, les portes s'en ferment au coucher du
soleil et s'ouvrent à son lever.

Les habitans sont des Musulmans fanatiques,
mêlés d'Arméniens, et la ville a la réputation

d'être un rendez-vous de maraudeurs et de brigands, Kourdes, Yézidis et autres, qui infestent les grandes routes, et qui sont, de temps immémorial, la terreur des voyageurs et des caravanes. Les exactions et le despotisme des autorités rendent désagréable et même dangereux le séjour des étrangers à Kars; car, plus les hommes en pouvoir sont éloignés du siége du gouvernement, plus ils lâchent la bride à leur rapacité et à leur violence.

Kars est le chef-lieu du gouvernement d'un pacha, et la nomination à ce poste éloigné est généralement regardée comme un exil honorable. Le pacha est nommé par la Porte, et il est indépendant dans sa juridiction, quoiqu'il lui soit enjoint de regarder comme son supérieur le pacha d'Erzeroum, qui est chargé de protéger les frontières contre le shah de Perse, voisin du sultan, et contre la Russie dont le territoire borde son pachalyk.

Quand Osmond y arriva, le pacha était un homme de basse origine et de mœurs grossières; il avait été autrefois *pehlivan*, c'est-à-dire lutteur. Aussi le nommait-on Pehlivan-Pacha, pour rappeler son origine ignoble, acte d'humilité qui ne coûte rien à un Turc, à quelque rang élevé qu'il soit ensuite parvenu. Il était doué d'une force prodigieuse, et son plus grand plaisir était de voir combattre les *pehlivans* dont il

avait un grand nombre à son service, et avec lesquels il ne dédaignait pas de se mesurer quelquefois. On ne l'accusait pas d'une sévérité
excessive dans son administration, car c'était
un homme débonnaire, faible et entièrement
livré aux plaisirs des sens. Il abandonnait volontiers tout ce qui concernait la législation au
mufti, officier doué d'une autorité civile aussi
bien que religieuse, mahométan astucieux et
fanatique qu'on pouvait regarder comme jouissant du principal pouvoir dans la ville, et qui
avait pour ceux qu'il appelait infidèles une
haine proportionnée à son zèle aveugle pour
les lois du prophète. Il y avait en outre un aga
des janissaires, et des *ayans,* ou anciens, qui
étaient convoqués quand il s'agissait de questions relatives aux intérêts locaux de la ville ou
de ses habitans.

Le voisinage du Kourdistan était une des
principales causes qui rendaient peu sûre la
route de Turquie en Perse. Les Kourdes, race
fort antique et brigands dès leur origine, ne
peuvent être réprimés ni par le shah ni par le
sultan, et reconnaissent à peine l'autorité de
leurs propres chefs qui, quoique en apparence
sous la domination de l'un de ces deux empires,
la Perse et la Turquie, suivant les districts qu'*ils*
habitent, sont de fait indépendans dans leur
ville ou dans leur château-fort, et ne peuvent

guère se regarder que comme des chefs de bandits, quoiqu'ils se donnent le titre de pachas.
Ainsi, dans la ville de Bayajid, il y a un pacha;
mais il ne l'est que pour piller et détruire. A
Topra-Caleh, ville plus éloignée, il y avait un
Bey qui était alors en guerre ouverte contre les
Persans et contre les Turcs; mais le plus fa-
meux de ces brigands, à l'époque où se sont passés les événemens que nous avons entrepris de
de rapporter, c'est-à-dire il y a une vingtaine
d'années, était Cara Bey dont nous avons déjà
dit quelque chose, et comme il reparaîtra sous
les yeux de nos lecteurs dans le cours de cette
histoire, nous terminerons ici cette digression
pour retourner auprès de nos voyageur.

Pendant la première nuit que lord Osmond
passa chez le teinturier arménien, il se sentit
atteint de tous les symptômes de la fièvre. Mustafa, qui n'avait pas manqué de se prévaloir de
son double titre de tatar et de vrai croyant, du
moment qu'il était entré dans la maison d'un
infidèle, s'était fait donner tout ce qu'il jugeait
pouvoir être utile ou commode à son maître.
On avait mis à sa disposition les coussins les
plus moelleux des appartemens des femmes; on
avait couvert le lit d'Osmond d'une montagne
de courtepointes, et un brasier rempli de char-
bon rouge, surmonté d'une pomme, avait été
placé au milieu de sa chambre.

Après ces opérations préliminaires, on servit le dîner. Il faisait honneur à la bienveillance et à l'hospitalité du maître de la maison; mais Osmond sentait son indisposition augmenter; la vue des mets appétissans qu'on lui avait servis ne lui inspira que du dégoût. Il résolut de se coucher, et dit à Mustafa d'emporter le pilau et l'agneau farci de prunes, en lui recommandant de cesser de persécuter l'Arménien de ses mille demandes. Il chargea ensuite Stasso de récompenser libéralement le surugi Hassan, qui, quelles que pussent avoir été ses premières intentions, avait du moins ensuite montré par sa conduite une reconnaissance peu commune du service qu'il lui avait rendu. Il eut alors recours à une petite caisse de médicamens qui l'avait accompagné dans tous ses voyages, entoura son genou d'un bandage et chercha ensuite à s'endormir; mais il ne lui fut pas facile de trouver le sommeil. L'apparition qu'il avait eue si récemment avait pris possession de son esprit, et lui avait causé une troisième maladie, plus difficile à guérir qu'une fièvre et une contusion au genou.

— Qui peut-elle être? Qui est-elle? Elle me rappelle fortement des traits que j'ai vus quelque part. Mais non; jamais je n'ai vu rien de si beau, de si enchanteur. Elle ne peut être née parmi ces barbares; sa place doit être parmi les grands du monde. Il y a dans ses yeux une âme qu'on ne peut méconnaître. Et pourtant, ne suis-je pas dans une ville obscure de Turquie; au milieu de brigands et de barbares? Peut-elle être autre chose qu'une pauvre fille turque, née au sein de l'ignorance et du fanatisme, et dont les charmes sont destinés à être ensevelis dans un harem? Que je voudrais ne l'avoir jamais vue! Il fit ce souhait plus d'une fois, et plus il le répétait, plus il sentait un désir irrésistible de la revoir, de connaître son histoire et de savoir quelles circonstances avaient pu la jeter parmi un peuple si peu fait pour l'apprécier.

Laissant maintenant Osmond trouver le repos, s'il le peut, nous irons rejoindre ses serviteurs qui se régalaient du repas somptueux qui avait été préparé pour leur maître, et à l'ordonnance duquel Mustafa avait présidé. Il était despote avec les Arméniens. Un vrai croyant, sur son propre sol, au milieu de chrétiens, est comme un coq sur le fumier d'une basse-cour, ou un dogue de forte race dans un chenil : il se donne des airs d'importance, affiche une fierté méprisante, ne parle qu'avec insolence et veut régner sans rival. Le tatar, avant de commencer son repas, retroussa ses manches et demanda de l'eau à Bogos; l'Arménien lui en apporta lui-même dans une aiguière, et Mustafa fit ses oblations à sa satisfaction, lavant d'abord ses mains,

les passant ensuite sur sa figure, relevant ses
petites moustaches autant qu'elles en étaient
susceptibles et s'essuyant avec une serviette
préparée sur l'épaule de son hôte. Il s'accroupit
ensuite sur un coussin, et Stasso en fit autant
ainsi que le surugi; car le Grec avait demandé
qu'Hassan fût admis en leur compagnie, et
Mustafa y avait consenti, moins par bienveillance pour le guide que pour se donner un air
de protection. Leur repas consista en *chorba*,
ou soupe; en *dolmas*, boulettes de ris et de
viande enveloppées de feuilles de vigne; en *kef-
tar*, viande hachée ressemblant à de la farce, et
en *halvah*, pâtisserie sucrée. Vinrent ensuite
l'agneau aux prunes et la montagne de pilau.
N'oublions pas de parler de vin, de cette boisson proscrite, que l'Arménien servait à ses hôtes dans des coupes aussi grandes que les verres
dont on se sert en Angleterre pour se laver le
bout des doigts après le dîner. Bogos n'avait pas
besoin d'employer de grands moyens de persuasion pour engager le vrai croyant à boire du
breuvage défendu par le prophète. Stasso buvait
sec sans que sa tête s'en ressentît; mais le surugi,
circonspect et sur ses gardes, y touchait à peine
du bout des lèvres.

Pendant le commencement du repas, Mustafa, qui, comme la plupart des Turcs, croyait
qu'injurier un chrétien faisait partie de sa réli-

gion, n'avait cessé d'adresser à l'Arménien des propos insultans; mais enfin il se laissa adoucir par l'influence du vin, et il lui dit: — Par Allah! vous êtes un brave homme! Par l'âme de votre père, je vous aime; parmi les pourceaux, les Arméniens sont ce qu'il y a de mieux. Bogos, mon frère, vous êtes un homme. *Mushallah!* vous êtes mon père, mon oncle. Servez-moi encore du vin, je n'ai plus besoin d'autre chose. Bogos ne l'en laissa pas manquer, et le cœur de Mustafa continuait à s'épanouir à mesure que l'outre qui contenait le vin perdait de sa rotondité. Enfin le sommeil l'accabla, il s'enveloppa de son manteau; le coussin qui avait été son siége devint son oreiller, et il ne remua plus du reste de la nuit.

Stasso n'avait pas oublié les ordres de son maître, et avant le repas dont nous venons de rendre compte, il avait eu une conférence confidentielle avec Hassan, car l'expérience qu'il avait acquise en voyageant lui avait appris à ne jamais négliger l'occasion de se faire un ami, quand même cet ami paraîtrait pour le moment ne pouvoir être d'aucune utilité. Quand il lui remit une somme beaucoup plus forte que celle qui avait été convenue, les yeux d'Hassan brillèrent de plaisir, et il trouvait à peine des expressions qui lui parussent suffisantes pour peindre sa reconnaissance.

—Si jamais votre aga, lui dit-il, a besoin d'aide pendant son séjour ici, qu'il me le fasse dire. Si des infortunes tombent sur sa tête, qu'il envoie chercher son esclave; ne méprisez pas Hassan parce qu'il est surugi. Croyez-moi, il sait plus de choses que vous ne pouvez le supposer. Pas un renard ne sort de sa tanière, pas un jackal ne ronge une carcasse, pas un voleur ne dresse une embuscade, sans qu'Hassan en soit informé. Par dessus tout, n'accordez aucune confiance aux habitans de Kars; c'est une race perverse et pillarde, des hommes qui n'ont pas d'âme. Méfiez-vous surtout du mufti; c'est un chien qui n'a pas de foie; il ne sait ce que c'est que la compassion. Votre aga m'a sauvé la vie; voici mon cou, ajouta-t-il en baissant la tête, il est le maître de frapper. Nous ne sommes pas des animaux, nous sommes des hommes.

Il n'y avait pas la moindre apparence qu'Hassan pût rendre service à Osmond, ou trouvât l'occasion de lui prouver sa reconnaissance; mais il avait un ton de franchise et de sincérité qui prouvait à Stasso qu'il était homme à tenir sa parole.

Le lendemain matin, Stasso entra de bonne heure dans la chambre de son maître; voyant qu'il était endormi, il descendit dans la salle où l'Arménien était avec sa famille, dans l'es-

poir de s'assurer la tasse de café et le chibouk,
objets indispensables à tout Asiatique pour
qu'il soit en état de supporter avec résignation
tous les événemens de la journée. En entrant, il
vit Mustafa qui venait d'arriver; il se ressentait
encore de l'excès qu'il avait fait la veille; à peine
avait-il les yeux ouverts, et il était évidemment
dans un état de torpeur. Il eut pourtant la force
de dire en bâillant : — Eh bien! Bogos, chien d'Arménien, n'aurons-nous pas de café ? Ce breuvage
qui a accéléré la circulation du sang lui fut
présenté sur le champ et opéra des merveilles ;
le tatar sortit de son engourdissement, alluma sa
pipe et se mit à disserter avec Stasso et le teinturier sur ce qu'il y avait de mieux à faire pour
guérir Osmond de sa maladie. Bogos conseilla
sur le champ d'appeler une vieille Arménienne
qui était célèbre pour guérir toute sorte de maux
et particulièrement les blessures et les contusions.

— Que dites-vous, pourceau ? s'écria Mustafa;
quelle boue mangez-vous ? *Mashallah!* Loué
soit le prophète ! Ces Anglais sont têtus comme
des chameaux ; ils avaleraient un cheval aussi
bien qu'une médecine Arménienne. Ce sont des
hommes qui portent le monde entier dans le
coin de leur œil; après cela, pouvez-vous vous
hasarder à amener une vieille vache d'Arménie
en présence du Beyzadeh ?

— Mais, mon pacha, mon aga, répondit Bogos avec toute humilité, je suppose que la jambe
d'un Anglais est comme celle d'un Arménien, et
je sais que cette vieille femme à guéri plus d'une
jambe dans Kars. N'a-t-elle pas guéri Suleiman
aga, qui demeure dans la maison voisine, après
qu'on eût inutilement employé tous les remèdes pour lui remettre une jambe qu'il s'était
cassée? On y avait placé force talismans, on avait
tourné sa jambe du côté de la Mecque, rien n'avait
réussi; et cependant la vieille Caterina, avec des
herbes et des fomentations, le remit sur ses
pieds. Après tout, c'est quelque chose.

— Que nous racontez-vous de vos Caterinas
et Paterinas? dit Mustafa avec un air d'importance en lâchant des bouffées de fumée. Allah!
Allah! je voudrais bien voir qu'on mît la jambe
de mon Beyzadeh entre les mains de votre Caterina? qu'en dites-vous, Stasso?

— Que puis-je dire, Mustafa? répondit le
Grec; notre aga sait mieux que nous ce qu'il
doit faire, et c'est à lui à se décider. Je vais aller
lui parler.

A ces mots, il remonta chez Osmond qui venait de s'éveiller après quelques heures d'un
sommeil agité et souvent interrompu. Dès qu'il
vit Stasso, il s'écria : — Mon genou me fait
horriblement souffrir. Y a-t-il une espèce de
chirurgien dans cette ville? Je serai retenu ici

toute l'éternité, si l'on n'applique quelque remède à ce mal, et je ne puis songer à voyager
avec les douleurs que j'éprouve.

— Que sais-je, *Effendi mou*, mon maître ?
J'ai bien entendu parler d'une vieille femme qui
guérit les blessures et les contusions; mais c'est
une Arménienne, et que peut-elle savoir ? Oh !
la maudite ville ! que ne s'y trouve-t-il un chirurgien franc !

— Mais elle vaut peut-être mieux que rien; je
ne sais vraiment pas si je ne me suis pas cassé
un os du genou.

— Que le Ciel ne le permette pas ! il faut que
cette *Arabisa*, cette négresse, ait eu un mauvais
œil quand elle s'est retournée pour nous regarder; et c'est ce qui a fait trébucher votre
cheval.

— C'est une superstition, Stasso; mais quand
cela serait vrai, sa compagne avait des yeux qui
ne pouvaient manquer de porter bonheur. Avez-
vous jamais vu une pareille beauté ?

— Comme je chéris ma foi, je n'en ai jamais
vu ni n'en verrai jamais une semblable. Oh ! ces
Turcs ! ce sont de vrais animaux ; mais il faut
convenir qu'ils ont des femmes sans égales. O
Effendi mou, avez-vous remarqué ses yeux, son
teint, sa chevélure ? Ces femmes ont dans leurs
veines une pureté de sang qu'on ne peut trouver ailleurs.

I. 4

— Mais qui peut-elle être, Stasso? L'avez-vous appris?

— Qui voulez-vous qu'elle soit? C'est une *Turkisa*, une Turque; rien n'est plus certain. Elle portait le costume turc; elle entrait dans une maison appartenant à un Turc, car la couleur des murs le prouve; et il n'y a qu'une Turque qui puisse avoir une esclave noire.

— Il faut que vous découvriez qui elle est, Stasso. Je meurs d'envie de la revoir.

— A Dieu ne plaise! s'écria Stasso. Ces chiens de Turcs n'ont pas d'entrailles; ils coupent sans componction la tête d'un chrétien et la lui placent ensuite entre les jambes, s'ils le voient seulement parler à une de leurs femmes. Que le *diavolo* les emporte tous!

— Mais il ne peut y avoir de mal à demander qui elle est et ce qu'elle est, reprit lord Osmond; je suis curieux de le savoir.

— Sans doute il n'y a pas de mal à s'en informer, répondit le Grec; c'est sans doute une voisine, et les habitans de cette maison doivent le savoir. Mais, quant à la voir ou à lui parler, Dieu nous en préserve! ajouta-t-il en faisant un signe de croix.

— Mais revenons à cette vieille femme, Stasso, dit Osmond. Informez-vous de sa demeure; Peut-être sera-t-elle en état de me soulager.

Cependant, que cela ne vous fasse pas oublier
la Turkisa.

Stasso sortit pour aller exécuter les ordres
de son maître, et, au même instant, Mustafa
arriva. Le tatar n'avait pas perdu de temps pour
aller chez un barbier qui avait donné une si
bonne tournure à ses cheveux et à ses moustaches en miniatures, qu'il avait l'air d'un tout
autre homme; il avait ensuite fait une toilette
complète, mis ses pistolets et son yatagan à la
place qu'ils devaient occuper, et il se présenta
avec l'air de fière supériorité qui caractérise un
vrai croyant.

— Asseyez-vous, Mustafa, dit Osmond qui
avait pour son tatar tous les égards dus au
poste qu'il remplissait, quoiqu'il lui parlât
comme à un Européen, ce qu'il était par le fait :
je souffre cruellement; mais, comme vous le
dites vous autres Turcs, il faut savoir supporter avec patience son *kismet*, son destin. Je
crains que nous ne soyons obligés de rester ici
plus long-temps que je ne l'aurais voulu.

—*Bakalum*, nous verrons, répondit Mustafa
qui n'était nullement fâché d'avoir à séjourner
dans une ville où il pouvait avoir le plaisir d'aller fumer dans un café, de prendre un bain
chaud, et d'entrer chez un barbier; il faut que
j'aille chez le pacha.

— Sans doute. Présentez-lui mes respects et

dites-lui que je suis malade, mourant ; j'éviterai peut-être ainsi les importunités de ses chiaoux et de ses chockadars pour obtenir de moi un *backshish*, un présent.

—*Bakalum*, nous verrons. Un *backshish* n'est rien ; laissez-moi le soin de ces drôles. Guérissez-vous, et tout ira bien.

— Je suis sûr que je serai bientôt guéri de ma fièvre ; mais je sens que cette malheureuse jambe me retiendra ici quelque temps. Je ne puis faire un mouvement, Mustafa.

—Ce ne sera rien ; Dieu est grand. Un de nos tatars se cassa une fois la jambe en partant d'Erzeroum ; il la banda, la mit dans un panier et courut la poste nuit et jour jusqu'à ce qu'il fût arrivé à Constantinople où on la lui remit, et il n'y parut plus. Une jambe se remet comme elle se casse ; ainsi va le monde.

—Cela est vrai ; mais je crois qu'il me faut quelque chose de plus qu'un panier. On m'a dit qu'il se trouve ici une vieille femme qui sait guérir les blessures et les contusions.

— Que puis-je dire ? une vieille femme est souvent un plus grand mal qu'une jambe cassée. Au surplus, vous savez ce que vous devez faire. Si vous voulez voir cette vieille femme, à la bonne heure ; seulement ayez soin, toutes les fois qu'elle sortira de votre chambre, de brûler un morceau de papier et de souffler par dessus chacune de vos épaules.

— Pourquoi cela ?

—C'est un moyen d'empêcher l'effet du mauvais œil. Il m'est arrivé bien des fois de me tromper de chemin et d'éprouver toute sorte d'accident après avoir rencontré une vieille femme. *Aman! Aman!* par pitié! par pitié! Le Ciel me préserve d'une vieille femme!

A ces mots, le tatar secoua un pan de ses vêtemens, et, quittant son maître, il alla fumer une autre pipe, après quoi il se rendit chez le pacha, traversant les rues de Kars avec un air d'importance et de dignité qui faisait ouvrir de grands yeux à tous les habitans.

CHAPITRE IV.

> Elle le vit, et, changeant de couleur,
> Elle frémit et recula d'horreur.
> S'habituant cependant à sa vue,
> Elle finit par se sentir émue ;
> Son cœur s'ouvrit à la tendre pitié.
>
> SPENSER.

QUELQUES instans après le départ de Mustafa, Stasso revint accompagné de Bogos qui présenta à lord Osmond Caterina, la vieille Arménienne, dont le dos courbé et les mains décharnées annonçaient l'âge avancé ; elle conserva scrupuleusement son voile, et particulièrement cette bande que portent les Arméniennes, et qui, passant sur le nez, serre le milieu du visage. Elle tremblait presque en approchant du malade ;

car, pendant sa longue carrière, elle n'avait
jamais vu un Franc de si près surtout un Anglais,
dont, ainsi que la plupart de ses concitoyennes,
elle se faisait une idée fort vague et fort étrange.
Il pouvait avoir une tête de poisson et une langue de serpent; car tout ce qu'elle avait entendu
dire de ce peuple c'était qu'il fabriquait des
couteaux et des étoffes comme les vers à soie
filent leur coque. Mais quand Osmond lui eut
adressé la parole en excellent turc, toutes ses
idées changèrent, et, levant sur lui ses yeux
ternes pour l'examiner, elle dit à Bogos en faisant
le signe de la croix : — Sur ma foi, il parle turc
aussi bien que vous et moi! Je ne suis qu'une
pauvre femme, ajouta-t-elle en se tournant vers
Osmond, mais je n'ai pas vécu jusqu'à quatre-
vingts ans sans avoir guéri plus d'une jambe fou-
lée ou cassée. Et ainsi donc, vous êtes un Franc
anglais? Eh bien! Dieu est grand! Qui aurait dit
qu'il me donnerait une jambe anglaise à soigner?

Elle examina son genou qui était horriblement
enflé, et déclara que ce n'était qu'une forte contusion; elle commença sur le champ à y faire
des fomentations avec des herbes émollientes et
du lait aigre. Ah! dit-elle, votre guérison ne se
fera pas attendre aussi long-temps que celle de
votre voisin Suleiman aga. Il m'a fallu plus d'un
mois avant que son mal commençât à céder à
mes médicamens, et quand il put marcher,

tout le monde s'écria : — *Aferin, Caterina!* Bravo Caterina!

— Et qui est ce voisin? demanda Osmond espérant qu'il pourrait obtenir quelques renseignemens sur l'être adorable qui était toujours présent à son imagination.

— C'est un des principaux *ayans*, ou anciens de cette ville, dit Bogos.

— Un homme terrible! ajouta la vieille.

— Que voulez-vous dire? dit Osmond.

— C'est un rigide et sévère Musulman, répondit Bogos, il nous traite, nous autres chrétiens, comme des chiens. Nous ne buvons du vin qu'en tremblant dans son voisinage.

— Ah! s'écria Caterina, sans sa fille, il nous ferait encore plus de mal, mais elle lui adoucit le cœur.

— Quelle sorte de personne est sa fille? demanda Osmond commençant à prendre un vif intérêt à la conversation.

— Quoi! s'écria la vieille femme levant les yeux sur lui tout en lui pansant le genou, n'avez-vous jamais entendu parler de la fille de Suleiman Aga? Moi-même, j'ai valu quelque chose autrefois, il y a une soixantaine d'années; mais, comme je baise la croix, c'est une créature comme on n'en a jamais vu hors du paradis. Quel dommage qu'elle soit Turque! Elle aurait dû naître chez les Francs, parmi les chrétiens.

Sur ma foi, elle est aussi blanche que vous, beaucoup plus grande que moi, et, pour les yeux,
les dents, les cheveux, personne ne peut lui être
comparé dans la ville de Kars. Que dis-je? on ne
trouverait pas son égale dans le monde entier.

C'est un sujet sur lequel Caterina était inépui-
sable, et Osmond ne se serait jamais lassé
de l'écouter; mais il connaissait les difficultés
et les dangers de toute communication avec les
femmes mahométanes, il sentait qu'il ne pouvait
espérer de lui parler ni même de la voir, et cependant son imagination ne pouvait s'empêcher
de travailler à un roman dont le dénouement
le mettait en possession de cette perle orien-
tale dont il pourrait augmenter le lustre, faire
disparaître les pailles et qu'il présenterait à ses
concitoyens comme un joyau d'un prix sans
égal. Il interrompit la vieille femme pour lui faire
de nouvelles questions.

— A-t-elle une mère? Quel est son nom?
songe-t-on à la marier?

— Sur mon âme, s'écria Caterina, vous allez
d'un tel train, que je ne puis vous suivre: je suis
vieille, et je ne puis répondre à tant de questions
à la fois. Vous me demandez si elle a une mère,
oui, sans doute, elle en a une, et c'est ce que
nous appelons une infortune. Comment une
telle fille a-t-elle pu naître d'une telle mère; c'est
ce qui ne me regarde pas, et je garde le silence.

Sa mère faisait autrefois le signe de la croix, mais à présent elle est *khanum*, maîtresse dans le harem; on l'appelle Zabetta khanum, car elle a conservé son nom grec. Quant à sa fille, ce cher petit cœur, elle se nomme Ayesha; c'est un nom turc, mais elle a un cœur chrétien. Son plus grand plaisir est de faire du bien, tandis que sa mère ne songe qu'à faire du mal. Mais la vie est pleine de bien et de mal, et vous trouvez l'un et l'autre dans la maison voisine.

— Et est-elle promise en mariage? demanda Osmond.

— En mariage! répéta la vieille; et qui pourrait l'épouser dans ce pays de pillards et de brigands? Il ne s'y trouve pas un homme qui soit digne de toucher ses pantoufles. Elle est faite pour être l'ornement du harem du sultan; son père la chérit comme son âme; il lui a fait apprendre tout ce qu'il est possible d'imaginer, et il n'y a pas dans toute la province de Kars un scribe qu'on puisse lui comparer. Où avez-vous donc vécu, mon aga, pour ne pas avoir entendu parler d'Ayesha, fille de Suleiman?

C'était ainsi que la vieille Caterina s'entretenait avec son malade, tout en lui pansant le genou. Elle revint le voir deux fois par jour; et si ses remèdes n'accélérèrent pas beaucoup sa guérison, du moins ils ne la retardèrent pas. Il la voyait toujours arriver avec plaisir, car il ne

manquait jamais de faire tomber la conversation
sur Ayesha, et nul sujet ne pouvait l'intéresser
davantage. Sa fièvre avait cédé aux remèdes qu'il
s'était prescrits lui-même, et sans la contusion,
qui exigeait beaucoup de repos, il aurait pu se
remettre en voyage. Mustafa montrait des symptômes d'impatience, car il commençait à trouver que la ville de Kars était un trop humble
théâtre pour y étaler ses airs d'importance; et,
comme la saison était favorable pour voyager, il
lui tardait de se remettre en selle.

Quelques semaines s'étaient passées, et Osmond gardait encore sa chambre. Enfin, pen-
sant que respirer un air pur lui ferait plus de
bien que tous les remèdes de Caterina, il demanda s'il n'y avait pas une terrasse sur la
maison du teinturier. Stasso prit des informations, examina les lieux et lui apprit qu'il y en
avait une spacieuse et commode, qu'on y montait par un large escalier et que toute la famille
y allait souvent pour prendre l'air.

Ce ne fut pourtant pas sans quelque difficulté
que le fidèle Stasso, à l'aide de Bogos et de Mustafa, porta son maître sur la terrasse, où l'on
avait étendu un tapis sur lequel on avait placé
un matelas et des coussins. Dès qu'Osmond res-
pira un air frais, qu'il put voir les montagnes
dans le lointain et admirer toutes les beautés
de la nature, il se sentit tout autre et il se livra

avec plus d'enthousiasme aux idées qui l'occupaient.

Caterina, qui voyait que ses fomentations d'herbes et de lait aigre n'opéraient pas une cure aussi prompte qu'elle l'avait espéré, conçut enfin un projet hardi qui n'était rien moins que de lui envelopper la jambe d'une peau de mouton fraîchement écorché. Elle avait vu ce remède réussir pour des chevaux et pour des ânes; pourquoi ne réussirait-il pas aussi pour les hommes? Cette idée l'avait frappée en voyant passer des moutons qu'un boucher conduisait à la tuerie. Elle le suivit, acheta une peau et résolut de proposer sur le champ à son malade d'essayer de ce remède.

En arrivant chez Bogos, elle fut très-surprise de ne pas trouver Osmond dans sa chambre; mais, ayant appris qu'il s'était fait porter sur la terrasse, elle alla l'y trouver, munie de la peau de mouton qu'elle avait taillée en forme convenable. Notre jeune voyageur l'accueillit avec sa bonne humeur ordinaire; mais Mustafa, qui pensait depuis long-temps que ses soins n'étaient d'aucune utilité à son maître et qui la regardait comme une des causes de la prolongation de leur séjour à Kars, eut peine à s'empêcher de lui adresser les invectives que les mahométans prodiguent si souvent aux chrétiens.

— Qu'allez-vous faire de nouveau, vieille

mère? lui dit-il; quelles ordures nous apportez-vous? J'ai dit que votre œil ne faisait augurer rien de bon dès le premier instant que je vous ai vue.

— Eh! guzum! Eh! mes yeux! s'écria-t-elle; que puis-je faire de mieux? J'apporte du soulagement à l'aga; je vais appliquer ceci à sa jambe. Et elle montra son morceau de peau de mouton.

— Prenez-vous le beyzadeh pour un cheval, pour le traiter ainsi? répliqua le tatar. Allah! Allah! êtes-vous folle? Ce fut par un jour malheureux que nous arrivâmes à Kars.

— N'effrayez pas cette bonne femme, dit Osmond. Je lui laisse pleine liberté de faire à ma jambe tout ce que bon lui semblera. Eh bien! Caterina, continua-t-il, qu'y a-t-il à faire à présent? Faut-il que je mange votre peau de mouton?

Cette question imprévue fit partir involontairement la vieille empirique d'un grand éclat de rire bruyant qui retentit sur toutes les terrasses des maisons voisines et qui fut répété à peu de distance, mais par une voix dont le son indiquait la gaîté inconsidérée de la jeunesse.

— C'est la voix de la jeune négresse Nourzadeh, dit Caterina; de quoi rit-elle donc? Elle regarda par dessus le mur de séparation, et, l'ayant aperçue, elle lui cria : — *Gel! gel! ai*

gidi Mascara ! Venez, venez, jeune Scara-
mouche !

Les terrasses des deux maisons étaient sépa-
rées par un parapet dont une partie était tombée en ruines, de sorte qu'on pouvait passer
sans difficulté de l'une sur l'autre. Un mur plus
élevé cachait l'endroit par où l'on entrait de la
maison de Suleiman aga sur sa terrasse ; de sorte
que lorsque Caterina avait appelé Nourzadeh,
qui s'était avancée près du parapet, elle n'avait
pu voir s'il n'y avait pas quelqu'un derrière ce
mur.

Quand la jeune négresse à figure joyeuse parut devant le groupe assemblé sur la terrasse de
Bogos, elle s'arrêta sur le champ, et elle se serait
retirée si la vieille ne lui eût demandé où était
sa maîtresse. Nourzadeh, sans lui répondre, lui
montra du doigt le mur dont nous venons de
parler.

Caterina qui, après les éloges éternels qu'elle
avait faits à Osmond de la fille de Suleiman
aga, avait désiré par dessus toutes choses de
pouvoir lui montrer la plus belle fleur de Kars
pour le convaincre de sa véracité, s'écria sur le
champ : — Venez, *ai khanum doudou,* ma
jeune maîtresse ! venez faire épanouir nos physionomies par votre présence ! Il n'y a rien à
craindre.

A ces mots, et avant qu'Osmond fût le moins

du monde préparé à une telle vision, la charmante Ayesha parut à ses yeux dans toute sa grâce. Elle avait un air de dignité modeste, et, quoiqu'elle rougît et qu'elle parût embarrassée, elle semblait répandre autour d'elle une atmosphère de pureté et d'enchantement. En la voyant ainsi, on ne pouvait que la regarder avec admiration et garder le silence de peur de l'offenser. Osmond se dit encore qu'il n'avait jamais vu une beauté semblable. Voyageant dans un pays où les femmes ne paraissent jamais sans voile, accoutumé à n'avoir de relations qu'avec des hommes, et après plusieurs semaines passées solitairement dans sa chambre, il sentit, à la vue de cette merveille de la nature, son cœur se dilater, comme si un ange lui était apparu. L'étonnement, l'admiration, l'amour que fit naître en lui la beauté d'Ayesha, produisirent sur son cœur un effet si profond, que l'impression en devint ineffaçable.

Ayesha avait obéi à l'appel d'une voix qui lui était bien connue ; elle prenait intérêt à la vieille Caterina qui, comme nous l'avons dit, avait donné des soins à Suleiman aga ; elle n'avait donc pas hésité à aller la trouver. Mais quand elle vit des hommes devant elle, la nouveauté de cette situation la troubla au point qu'elle oublia un instant qu'elle était sans voile. Elle se le rappela enfin, et, s'écriant d'un ton de reproche, quoique avec douceur : — Caterina, vous avez eu grand tort ! elle se retira à la hâte. Cependant elle avait eu le temps de voir et de reconnaître Osmond, et cette vue avait ajouté à l'opinion favorable qu'elle en avait déjà conçue.

Les charmes de la jeune fille de Kars produisirent sur Mustafa une impression presque aussi forte que sur lord Osmond, mais d'un genre différent. Il était complètement Turc dans ses idées et ses préjugés relativement aux femmes, et le premier sentiment qu'il éprouva fut d'être jaloux que des attraits semblables eussent été vus par d'autres yeux que les siens, et de s'emporter contre la vieille femme qu'il regardait comme ayant manqué au respect dû à la fille de Suleiman aga.

— A quoi songez-vous donc, vieille porteuse de boue ? s'écria-t-il avec colère ; êtes-vous devenue folle ? Ne saviez-vous pas qu'il y avait ici des hommes ? Voilà une belle conduite ! Avez-vous dessein de mettre le beyzadeh dans l'embarras et de couvrir de honte cette fille d'Islam ?

— Quel crime ai-je donc commis, lumière de mes yeux ? répondit Caterina. Quel tort ai-je fait à la fille de Suleiman aga ? Les Francs sont sans conséquence ; leurs femmes ne portent pas de voile, et ils sont accoutumés à voir la figure d'une femme. Eh bien ! ajouta-t-elle en se tournant vers Osmond, vous en ai-je trop dit en vous parlant de la beauté d'Ayesha?

— Vous ne m'en aviez pas dit assez, répondit Osmond d'un ton sérieux et pensif.

— Ah! s'écria Caterina, vous ne connaissez pas encore tout son prix. Si vous aviez vu les attentions qu'elle avait pour son père quand il était malade! Comme vous aimez vos yeux, elle savait mieux que moi quels soins il fallait lui donner.

Stasso avait aussi été témoin de toute cette scène, et la vue d'Ayesha lui avait causé une fièvre d'admiration dont l'effet fut de produire une explosion de malédictions contre toute la race mahométane, comme indigne de posséder un pareil trésor de perfections. — Puisse le diable les emporter tous! dit-il à son maître à voix basse quand il l'aida à descendre dans sa chambre. Nous aussi nous avons nos beautés. Allez au Fanar, allez à Tino, vous y verrez de belles femmes; mais jamais je n'en ai vu qui approchassent de cette jeune fille. Il est impossible qu'elle soit Grecque ni Turque; il faut qu'elle soit Franque.

— Et croyez-vous réellement, Stasso, qu'elle ne soit pas Turque? lui demanda Osmond quand il fut seul dans sa chambre avec le Grec.

— Que sais-je et que puis-je dire? Je ne vois

pas trop comment elle pourrait être autre chose qu'une Turque, à moins que ce ne soit un ange que la compassion du Ciel nous ait envoyé pour nous dédommager d'être retenus si long-temps parmi ces barbares.

— Avez-vous vu sa mère? Il paraît qu'elle est née Grecque ou Arménienne; Caterina n'en a pas parlé en termes favorables.

— Nous saurons ce qui en est. Si elle est Grecque, je veux qu'on me coupe les moustaches si je ne tire de la diablesse comment et pourquoi elle s'est damnée en renonçant à sa religion.

— Mais est-il possible, Stasso, que la belle Ayesha ait été réellement fâchée que nous l'ayons vue? Il n'est pas naturel aux femmes de chercher à cacher leurs charmes.

— Que puis-je vous dire? Les femmes turques montrent assez volontiers leur visage quand il n'y a pas de témoins; mais, dans le cas contraire, elles s'emportent et se mettent en fureur si quelqu'un s'avise de les regarder. Cependant la vérité est que cette jeune fille ne ressemble pas aux autres filles turques; mais qui peut dire d'où elle vient?

Stasso quitta son maître avec la détermination de faire connaissance, s'il était possible, avec la mère d'Ayesha; et regardant comme possible qu'elle allât respirer l'air du soir sur la terrasse de sa maison, il remonta sur celle de Bogos dans l'espoir de la rencontrer. Le premier objet qu'il aperçut en regardant par dessus le parapet qui, comme nous l'avons dit, séparait les deux terrasses, fut une femme qui avait un voile négligemment jeté sur sa tête. Il supposa sur le champ que c'était Zabetta Khanum.

— *Kale espera*, *keramou*, bonsoir, madame, lui dit-il en lui adressant la parole en sa propre langue.

— Quoi! s'écria-t-elle, surprise de l'entendre parler grec, car Stasso portait le costume turc et il disait être né en Bosnie; quoi! êtes-vous Grec? Comment vous trouvez-vous ici? Comment savez-vous que je suis Grecque?

Elle s'exprimait avec quelque aigreur et non sans embarras; mais ses manières prouvaient évidemment qu'elle était charmée d'avoir rencontré un compatriote; car les Grecs modernes se soutiennent mutuellement, quel que soit le lieu de leur naissance. Quand elle vit que celui qui venait de lui parler était un beau jeune homme fait pour attirer l'attention d'une femme, elle laissa tomber son voile comme par accident et lui montra des traits qui n'étaient pas encore dépourvus de charmes. Elle avait le nez aquilin, les cheveux noirs comme le jais et les sourcils bien arqués; ses cheveux étaient tressés et retroussés de cette manière qui est particulière aux femmes mariées en Turquie. Elle était grande et elle avait eu une belle taille, mais elle avait alors trop d'embonpoint; son air était commun, et l'expression de sa physionomie n'était ni modeste ni prévenante. Enfin on voyait que, pour faire valoir ses attraits, elle avait recours au fard, aux mouches et à tous les cosmétiques employés dans l'Orient.

En s'approchant d'elle, Stasso crut devoir lui montrer le même respect que s'il eût parlé à une femme turque.

—Oui, madame, lui dit-il, je suis Grec, votre compatriote, tout à votre service, et je vous baise les mains.

— Vous êtes le bien-venu, lui dit-elle avec un sourire plein de coquetterie. De quel pays êtes vous?

— Je suis né à Sédikieu, près de Smyrne. Puis-je faire quelque chose pour vous ?

— Et qu'êtes-vous venu faire ici ?

— J'accompagne un beyzadeh anglais. Nous venons de Perse et nous allons à Constantinople.

— Un seigneur anglais, s'écria-t-elle avec un accent de curiosité; et pourquoi voyage-t-il? Est-ce un Elchi, un ambassadeur ?

—Non, il voyage pour son plaisir. C'est un

homme riche; un grand personnage dans son pays.

— Et comment se nomme-t-il?

— Son nom et Osmond; son père est un grand bey dans son pays. Le Beyzadeh est malade; c'est ce qui nous retient ici, et, s'il plaît à Dieu, dès qu'il sera guéri, nous continuerons notre voyage. Mais vous, Khanum, comment se fait-il qu'étant si belle, si supérieure aux femmes turques, vous restiez dans cette misérable ville?

Il était évident que la flatterie ne déplaisait point à Zabetta; mais, au lieu de répondre à cette question, elle lui demanda s'il avait jamais été à Athènes.

— A Athènes! répéta Stasso; oui, oui, nous avons été à Athènes; et où n'avons-nous pas été? Il n'y a pas un trou ni un coin, un bâton ni une pierre, que nous n'ayons vu en Grèce et en Égypte, en Syrie et en Perse. Mais est-il possible que vous soyez d'Athènes? Il me semble, à votre accent, que vous êtes née dans les îles de la Grèce.

Cette question sembla embarrasser Zabetta, et ce ne fut qu'après une assez longue pause qu'elle répondit: — Je suis née à Tino; et elle ajouta en souriant: Je suis une *Touchan* [1].

---

c   1 Les Turcs donnent aux Tiniotes le sobriquet de *Tou-han*, ou lièvre, probablement à cause de leur timidité.

— Que dites-vous? s'écria Stasso; êtes-vous réellement de Tino? Je connais presque tous les Tiniotes; j'en ai vu un si grand nombre à Smyrne et à Péra! De quelle famille êtes-vous?

— A quoi bon vous le dire? répondit-elle en soupirant; que vous importe de le savoir? Je suis maintenant une Turque, la femme d'un musulman.

— Cela est étrange, dit Stasso; mais si je savais votre nom, je pourrais peut-être vous donner des nouvelles de vos parens.

Zabetta persista à refuser de lui dire son nom; mais, tout en le refusant, elle hésitait de manière à prouver qu'elle aurait eu bien des choses à dire si elle avait pu se décider à parler. Elle détourna la conversation comme si elle eût craint d'en avoir déjà trop dit; et, avec toute la curiosité des Grecs, elle lui fit force questions sur lord Osmond. Était-il bien fait? Était-il jeune? Était-il véritablement fort riche? Depuis quand avait-il quitté l'Angleterre? Quand comptait-il y retourner? Aimait-il les Grecs? Leur préférait-il les Turcs? Avait-il des amis à Constantinople ou à Athènes? Était-il resté long-temps dans ces deux villes?

Tino fournit beaucoup de domestiques aux chrétiens de l'Orient et principalement aux Européens. (*Note de l'Auteur.*)

Stasso la satisfit sur tous ces points; mais il ne put s'empêcher d'être surpris qu'une femme qui semblait avoir adopté les manières turques fût en même temps si curieuse et si discrète, et ce fut pour lui un avis de se tenir sur ses gardes.

Enfin elle lui fit une question qui le surprit encore davantage.—Il a vu ma fille, lui dit elle; je sais qu'il l'a vue. Comment l'a-t-il trouvée?

La réponse de Stasso, quoique circonspecte, prouva à Zabetta que le jeune Anglais avait rendu toute justice aux charmes d'Ayesha, et elle parut l'apprendre avec plaisir.

La nuit arrivait, et Stasso crut qu'il était prudent de terminer cette conversation, quoiqu'il eût désiré la faire durer davantage; car les yeux brillans de Zabetta et ses airs de coquetterie avaient fait quelque impression sur son cœur.

— J'espère que nous nous reverrons, lui dit-il en la quittant; je vous trouverai demain soir sur cette terrasse.

—Oubliez-vous, mon frère, lui répondit-elle, que je suis femme d'un musulman et qu'il ne m'est permis de parler à aucun autre homme qu'à mon mari? Mais elle prononça ces mots avec un sourire ironique qui semblait dire : Je me moque de pareilles sottises.

— Quoi! s'écria Stasso, vous, fille d'un Grec,

vous soumettre aux lois de ces Turcs barbus ? Promettez-moi que nous nous reverrons.

Le sourire de Zabetta parut faire cette promesse. Elle rentra dans son harem, et Stasso alla rendre compte de cette entrevue à son maître.

CHAPITRE V.

> L'homme est de feu, la femme d'é-
> toupes ; le diable survient et le feu prend
> aux étoupes.
>
> FIELDING.

Maintenant que nous voilà parvenus à ce point de notre histoire, il faut que nous informions nos lecteurs d'une partie de l'histoire de Zabetta dont le surplus doit rester, quant à présent, couvert d'une obscurité mystérieuse.

Elle était véritablement née à Tino, comme elle l'avait dit à Stasso, et, suivant la coutume de ses compatriotes, elle avait quitté cette île pour entrer en service dans sa première jeu-

nesse et quand ses charmes brillaient de tout
leur éclat. Elle avait commencé sa carrière à
Athènes, où sa beauté peu ordinaire avait attiré l'attention des jeunes gens de cette ville,
dont les complimens et les flatteries avaient
achevé de tourner une tête naturellement très-
légère. Zabetta était dévorée d'ambition, et
voyant qu'il n'était pas probable qu'aucun des
jeunes Grecs qui lui faisaient la cour pût l'élever au rang auquel elle aspirait, elle écouta les
propos amoureux d'un Turc qui n'avait guère
que dix ans plus qu'elle, et dont la beauté mâle
et l'air noble gagnèrent son cœur. Il était au service du gouverneur d'Athènes, et un de ses officiers les plus distingués. Mais comme Zabetta
était au service d'une famille riche et puissante,
et qu'il était lui-même sous la dépendance d'un
gouverneur altier, il leur était impossible de se
marier à Athènes. Ils résolurent donc de s'évader
de cette ville et de se refugier dans l'Asie-Mi-
neure : ils réussirent dans ce projet. Sans que
personne le sût, ils s'embarquèrent sur un bâtiment qui se rendait dans l'île de Samos. Ayant
débarqué à Scala-Nuova, ils se rendirent de là à
Guzzelhissar où le Turc avait un oncle très-
riche qui jouissait d'une grande influence. Lorsqu'ils furent mariés, le musulman pressa Zabetta d'embrasser la religion du prophète, et
comme elle n'était retenue par aucun principe,

elle céda sans difficulté aux désirs de son mari et abjura la foi chrétienne.

, Suleiman, c'était le nom du mari de Zabetta, était né à Kars. Avec l'aide et d'après les conseils de son oncle, il fit des spéculations commerciales qui lui réussirent parfaitement, et, ayant amassé une fortune considérable, il résolut d'aller s'établir dans sa ville natale où il ne tarda pas à devenir un personnage. Dès sa jeunesse, il avait été strict observateur de tous les préceptes de sa religion, et sa sévérité ne fit qu'augmenter avec l'âge. A l'époque où commence notre histoire, il passait pour un des plus rigides mahométans de la ville de Kars.

La partie mystérieuse de l'histoire de Zabetta était celle qui avait rapport à Ayesha, qui n'était ni sa fille ni celle de Suleiman; mais ils l'avaient élevée comme telle depuis sa plus tendre enfance. A mesure qu'elle grandit, son esprit et sa beauté se développèrent avec un degré de perfection si extraordinaire parmi les naturels du Levant, qu'elle devint un objet de surprise et d'admiration pour tous ceux qui la connaissaient. Sa personne était un modèle de symétrie parfaite, et tous ses mouvemens étaient pleins de grâce, car elle n'avait pas cette démarche gauche qui caractérise si souvent l'indolente Asiatique. Ses traits expressifs brillaient de bienveillance, et elle y joignait une modestie si douce, que le Turc le plus grossier ne pouvait s'approcher d'elle qu'avec respect. Nous avons déjà parlé de sa beauté qui n'aurait offert qu'une considération secondaire en comparaison des charmes de son esprit, si elle n'eût été d'un genre à faire croire que la nature, en la formant, avait eu le caprice de vouloir donner une preuve de tout ce qu'elle pouvait faire. Quand on voit un instant une femme Turque sous un voile à demi soulevé, on ne manque jamais de lui trouver plus de beauté qu'elle n'en possède réellement; mais, dans tous les pays du monde, Ayesha, vue sans voile, aurait passé pour une beauté du premier ordre, et quand Osmond l'aperçut pour la première fois il la trouva plus belle qu'aucune femme qu'il eût jamais vue en Europe ou en Asie.

Suleiman aga dont, au fond, le caractère était bon, quoique son fanatisme fût porté à l'excès, adorait sa fille adoptive, et il avait pris les plus grands soins de son éducation. Les talens des femmes Turques peuvent se décrire en peu de mots; si elles savent lire et écrire, on les regarde comme des prodiges. La musique et la danse, abandonnées exclusivement aux artistes de profession, qui sont toujours des personnes de mœurs dissolues, ne font point partie de l'éducation des filles de bonnes familles, quoiqu'on leur apprenne quelquefois à chanter et à jouer

du tambourin pour leur amusement ; quelquefois encore, mais plus rarement, à filer, à bro-
der, à dire leurs prières et à lire le Coran. Mais
elles oublient bientôt tout ce qu'elles ont appris,
par suite de leur vie indolente, car elles passent
toutes les journées à jaser avec les habitantes
de quelque harem voisin, à fumer, à aller au
bain et à faire une promenade dans les cimetiè-
res. Ayesha surmontat bientôt les difficultés de
l'art d'écrire et elle rivalisa sur ce point avec
les plus célèbres mullahs. Elle lisait avec falicité
tous les caractères d'écriture, depuis le *Skekes-
teh* presque indéchiffrable jusqu'au beau *Nusta-
tik;* elle avait lu le Coran, l'histoire du prophète
et tout ce qui avait rapport à sa foi, et elle lisait
la poésie et l'histoire de manière à exciter l'admiration générale. Il n'est donc pas étonnant
que la vieille Caterina eût été surprise qu'Osmond n'eût jamais entendu parler de la réputation de la fille de Suleiman.

Son père putatif avait pris de grandes peines
pour faire d'elle une sectatrice fidèle de l'isla-
misme, et, quoiqu'il fût souvent embarrassé
pour répondre à ses questions et pour éclaircir
ses doutes sur certains points de la croyance
musulmane, que la simple raison suffit pour re-
jeter, il avait réussi à lui faire observer toutes
les formes de sa religion, à en pratiquer les

ablutions et à faire ses prières aux heures pres-
crites avec une exactitude scrupuleuse.

D'une autre part, sa mère qui, à mesure
qu'elle vieillissait, songeait à son apostasie avec
plus de honte et de confusion et qui connaissait
assez les premiers principes de son ancienne
foi pour que ce fût pour elle un sujet de médi-
tation, pensait souvent tout haut devant sa
fille supposée et lui disait tout ce qu'elle savait
de la religion chrétienne. Au lieu de se fier
aux promesses de bonheur faites par Mahomet,
elle désirait secrètement qu'Ayesha dût son salut
à l'intercession de Jésus-Christ. Ce sujet était si
souvent la base de ses conversations avec elle,
que la pauvre fille ne savait plus que croire, et,
tout en faisant les génuflexions des mahométans,
il lui arrivait fréquemment de s'adresser à la
Vierge et aux saints. Les réflexions qu'elle faisait
sur ce qu'elle entendait dire à sa mère ne lui
permettaient pas de nourrir contre les infidèles
cette haine prescrite par le Coran; et, quand
on lui disait qu'il était légitime de tuer ceux qui
ne reconnaissaient pas le prophète, sa bienveillance, aidée par son bon sens, l'assurait que
telle ne pouvait pas être l'intention d'un créateur plein de sagesse.

En parlant de Zabetta, la vieille Caterina
n'avait pas été injuste envers elle. L'esprit d'in-
trigue et la vivacité de sa nation se faisaient re-

marquer dans toutes ses actions; l'uniformité
monotone de la vie qu'elle menait lui avait
donné un caractère si impatient et si irritable,
qu'elle était devenue le tourment de tout ce qui
l'entourait. L'horreur qu'elle avait pour son
genre d'existence avait fini par la porter à dé-
tester son mari et à prendre en aversion sa
croyance. Tantôt elle voulait quitter son mari,
retourner dans son pays et rentrer dans le giron
de l'Église chrétienne ; mais elle était toujours
arrêtée par la crainte des suites terribles que
pouvait avoir une telle tentative si elle était découverte. Tantôt elle insistait pour que Suleiman quittât la ville de Kars qu'elle regardait
comme un lieu d'exil, et allât demeurer à Stamboul, qu'elle se figurait devoir être un séjour de
délices; mais il avait toujours formellement
refusé de céder à ses sollicitations. Elle n'avait
personne à qui elle pût communiquer ses idées,
à l'exception d'Ayesha qui, bien loin de l'encourager dans ses projets, ne cherchait qu'à
adoucir son humeur irritable et à la porter à se
contenter de son sort. On ne trouvera donc pas
extraordinaire qu'elle eût saisi avec joie l'occasion de faire la connaissance de Stasso et d'avoir
avec lui la conversation que nous avons rapportée.

En entendant parler d'Osmond et en apprenant qu'il logeait dans la maison voisine de la

sienne, elle avait senti naître dans son cœur un espoir vague de pouvoir, par son moyen, se délivrer d'un joug qui lui était insupportable et de vouer au plaisir tout le reste de son existence. Dans sa première jeunesse, elle avait connu les Européens et vécu au milieu d'eux. La présence du jeune Anglais réveilla en elle le souvenir de jours bien plus heureux que ceux qu'elle passait à présent; et plus son imagination ardente formait dans l'avenir des plans de bonheur, plus elle perdait de vue les dangers qui la menaçaient si elle voulait exécuter ses projets.

Elle connaissait toute l'étendue de la beauté d'Ayesha, et elle en fit la principale base de ses espérances. Si elle pouvait arranger les choses de manière à ce que le jeune Anglais devînt épris de sa fille, elle pensa qu'à l'aide de Stasso, dont elle vit aisément que le cœur n'était pas inexpugnable, il lui deviendrait plus facile d'abandonner Kars et son mari, double objet de ses désirs; et elle se promit de ne rien omettre pour y réussir.

Quand Zabetta eut quitté Stasso, après leur entrevue sur la terrasse, elle rentra dans le harem, l'imagination entièrement occupée des idées auxquelles cette conversation avait donné l'essor. Son appartement était une grande et belle salle dont trois côtés étaient garnis d'ottomanes dont les dossiers étaient des coussins de soie.

Ayesha était assise dans un coin, la joue appuyée sur une main, dans une attitude de réflexion. Elle songeait à l'aventure de la matinée, et son cœur éprouvait des sensations auxquelles il avait été étranger jusqu'alors. Depuis sa première rencontre avec Osmond, qu'elle avait pris alors pour un de ses compatriotes, elle n'avait jamais cessé de songer à sa physionomie noble et expressive et surtout à son air de politesse respectueuse qui faisait un contraste si marqué avec la conduite des Turcs envers les femmes. Cependant, quand elle s'apercevait que ses idées se reportaient sur lui, elle cherchait à les en détourner, car son bon sens lui disait que c'était une folie que de passer son temps à penser à un homme qu'elle ne reverrait probablement jamais. Mais l'événement arrivé le matin avait complètement détruit la tranquillité d'âme qui avait été son partage jusqu'alors, et elle s'était trouvée égarée tout d'un coup dans un labyrinthe d'émotions contradictoires. D'une part on lui avait enseigné la doctrine que c'était un crime d'avoir des communications avec des infidèles, et elle savait alors qu'Osmond était un chrétien; de plus elle avait été élevée dans l'idée qu'une femme mahométane ne devait jamais laisser voir son visage à un homme; d'un autre côté, ses conversations avec sa mère et les discours de celle-ci en faveur des chrétiens avaient considérablement

affaibli en elle les préjugés si fortement enraci-
nés dans l'esprit des femmes turques en général.
Il lui semblait donc qu'elle pouvait voir Osmond
d'un œil plus favorable qu'elle ne l'aurait fait
sans cela. Elle avait en outre à lutter contre
ce penchant au romanesque qui se trouve au fond
du cœur de toute jeune fille. Elle avait commencé à se persuader que le *Kismet*, le destin,
qui tire les mahométans de tout embarras, avait
amené ces deux entrevues avec Osmond, et
elle se demandait si le même *Kismet* ne lui serait
pas assez favorable pour lui en procurer une
troisième.

— Ma chère Ayesha, lui dit sa mère d'un ton
doux et affectueux, savez-vous ce qui vient de
m'arriver? Et moi aussi j'ai vu un des étrangers
qui demeurent chez notre voisin Bogos; cela
n'est-il pas très-extraordinaire? Il y a là quelque
chose.

— Cela est étrange, dit sa fille en rougissant
un peu. On nous dit que c'est un crime de parler aux hérétiques; mais qui peut résister au
Kismet? Était-ce l'étranger malade, demanda-t-
elle d'une voix tremblante.

— Non, répondit Zabetta, c'était son serviteur; et savez-vous que c'est un de mes compatriotes, un Grec, et, sur ma parole, un *kalo
paidi*, un beau jeune homme! De quels transports j'ai été saisie quand je l'ai entendu m'adres-

ser la parole dans ma langue naturelle! mon cœur battait comme si j'eusse entendu la voix de mon père ou celle de mon frère, m'appelant de Tino. Mais que pouvons-nous faire? Nous sommes claquemurées dans cette odieuse ville où nous passons les jours, les mois et les années, invisibles à tous les yeux, inconnues et ne voyant que quelques figures qui nous sont aussi familières que ses chaînes le sont à un prisonnier. *Ai janum! Stamboul!* oh, mon âme! Constantinople! Si nous pouvions y arriver une fois, Zabetta n'aurait plus rien à désirer.

— *Allah kerim!* Dieu est grand! dit Ayesha en soupirant. O ma mère, soyons résignées à tout ce qu'il plaît à Allah d'ordonner de ses créatures!

— *Allah kerim* est fort bien, s'écria Zabetta avec impatience; mais, en attendant, nous sommes à Kars, et quoi qu'il puisse arriver, il faut que nous quittions cette ville détestable. Je suis lasse d'être esclave; je ne veux point passer plus long-temps ma vie dans une odieuse servitude.

Ayesha fut alarmée du ton violent et emporté avec lequel Zabetta prononça ces mots, et elle lui dit avec la plus grande douceur : — Les temps changeront, ma mère; rien n'est stable dans cette vie. Voyez, l'hiver est passé et le printemps est arrivé. Dieu ordonne tout pour le mieux. Je suis jeune, et il ne m'appartient pas de donner des avis ; mais qu'il me soit permis d'exhorter ma mère à la patience, et à attendre avec résignation les décrets du destin, car rien ne peut les changer.

— Ayesha, s'écria sa mère d'un ton un peu plus calme, avez-vous parlé à l'anglais que vous avez vu aujourd'hui sur la terrasse ?

— Si je lui ai parlé ! répondit Ayesha ; non, à Dieu ne plaise ! je l'ai vu un instant ; mais lui avoir parlé ! Ne suis-je pas une fille d'Islam ? Ne nous est-il pas ordonné de fuir les infidèles ?

— Ma chère Ayesha, reprit Zabetta ; les musulmans disent tout cela et prétendent avoir raison ; mais les musulmans sont en bien petit nombre, comparé aux autres peuples du monde. Or, parmi tous les autres peuples, les hommes voient les femmes et conversent avec elles ; ils sont aussi bien que les musulmans les créatures de Dieu ; ils ne peuvent tous être dans l'erreur. Quel crime peut-il y avoir à converser avec nos semblables ?

— Ah ! dit Ayesha, après un moment de réflexion, on croirait que ce que vous dites est la vérité : mais mon père soutient le contraire, et il a pour lui le prophète.

— Laissons là le prophète un instant ! s'écria Zabetta avec aigreur et d'une voix agitée. Je vous dirai ce que je ne vous ai jamais dit, Ayesha : vous n'êtes pas née fille d'Islam ;

vous tenez aux Francs de plus près que vous ne
vous l'imaginez.

— Comment! s'écria vivement Ayesha pa-
raissant sortir de son état de résignation passive;
comme vous aimez votre enfant, comme vous
chérissez votre foi, continuez. Je ne sais ce
que vous voulez dire. Ne suis-je pas votre fille?
Suleiman n'est-il pas mon père? Que puis-je
avoir de commun avec les Francs?

Zabetta vit qu'elle avait touché la corde sen-
sible. Quelle était réellement cette jeune fille,
c'était un secret dont elle était seule dépositaire
et que Suleiman lui-même ne connaissait qu'en
partie; elle n'en avait jamais tant dit à ce sujet à
Ayesha, mais elle avait cru nécessaire de hasarder ce commencement de confidence, afin de
lui inspirer plus d'intérêt pour les chrétiens.

—Le temps n'est pas encore arrivé, ma fille,
lui dit-elle, où je puisse vous expliquer tout ce
que le destin a ordonné à votre égard. Vous
êtes jeune; il y a temps pour tout. Sachez seulement que vous ne devez pas regarder les Francs
avec l'œil de la haine; au contraire, vous devez
leur ouvrir le cœur de l'amitié; ils sont vos
frères. Je vous le dis comme votre mère; et,
comme femme d'un musulman, j'ajoute que
c'est un secret que vous devez garder, un secret
de la plus grande importance pour vous et pour

moi. Si vous pouvez parler à l'Anglais notre voisin, faites-le avec prudence, mais sans crainte.

Ayesha devint muette de surprise en entendant ces paroles; cette permission la fit tressaillir d'un plaisir secret et produisit sur elle le même effet que produit sur un malade, qui regardait le vin comme une boisson prohibée, l'ordonnance d'un médecin qui lui prescrit d'en boire. Elle avait peine à croire ce que lui disait sa mère, et cependant elle l'écoutait avec extase. Tandis que les imprécations contenues dans le Coran contre les infidèles retentissaient encore à ses oreilles, la nouvelle qu'elle était née dans cette classe, et qu'un sang européen coulait peut-être dans ses veines agissait comme un antidote contre le poison. Si Osmond s'était présenté en ce moment à ses yeux, elle n'aurait ni cherché à lui cacher son visage ni refusé de lui parler.

Mais le rideau de soie qui couvrait la porte s'ouvrit en ce moment, et au lieu d'Osmond, ce fut Suleiman aga qui entra. C'était un homme ayant un air grave, noble et plein de dignité; il portait une longue robe garnie d'une fourrure légère, et avait sur sa tête un *caouk*, ou bonnet de drap empesé, entouré d'une bande de mousseline blanche. A la vue de sa femme, ses traits prirent une apparence d'humilité; il s'était attendu à ne trouver qu'Ayesha, et il était entré avec une physionomie ouverte et sereine; mais

il redoutait tellement la violence de Zabetta,
que, toutes les fois qu'il était en sa présence, il
prenait l'attitude la plus soumise et avait grand
soin de ne rien dire qui pût l'offenser. En général, les Turcs regardent la tranquillité comme le
souverain bien; ils détestent le bruit. Être assis
sur le coin de leur ottomane, écouter le mur-
mure éternel de la fontaine qui est dans leur
cour, fumer leur chibouk, voir se dissoudre en
l'air la fumée qu'ils exhalent, avoir quelques
mots de conversation avec un ami, tels sont
leurs plus grands plaisirs; et, pour se les procurer, il n'est pas de sacrifice dont ils ne soient
capables. Mais une fois en fureur, ils tombent
dans l'autre extrême, ils tuent ou se font tuer;
ils ordonnent d'abattre une tête avec ou sans
raison, et retournent à leur pipe et à leur fontaine, comme si rien ne fût arrivé.

Quand Zabetta vit entrer son mari, son humble maintien, bien loin de la désarmer, lui fit
prendre une attitude d'hostilité ouverte. Elle
fronça le sourcil, fixa les yeux sur lui et redressa
la tête au lieu de le saluer. Le souvenir des
maux réels ou imaginaires qu'il lui avait fait
souffrir se représenta à son esprit; elle récapi-
tula mentalement tous ses griefs, lui faisant un
crime de l'avoir aimée, de l'avoir épousée, de
l'avoir emmenée loin de son pays, de s'être en-
richi, d'être venu s'établir à Kars. C'était ce qui

ne manquait jamais d'arriver chaque fois que le malheureux Suleiman se présentait devant elle.

—Que venez-vous faire ici? lui demanda-t-elle dès qu'il se fut assis tranquillement sur une ottomane. Toutes les fois qu'on désire le moins votre compagnie, on est sûr de vous voir arriver.

— Je venais voir Ayesha, répondit Suleiman avec calme; si j'avais su que vous étiez ici, je n'y serais pas venu, puisque ma présence vous déplaît.

— Je vous reconnais bien là ! s'écria sa femme avec un transport de rage; vous iriez au bout du monde pour voir Ayesha ; mais vous fuyez tout endroit où je me trouve. Il n'y a que votre femme dont vous ne puissiez souffrir la vue.

— Vous avez dit que vous ne désiriez pas me voir, dit Suleiman d'un ton encore plus doux; que puis-je donc faire?

— Oui, je vous l'ai dit et je vous le répète; mais qu'est-ce que cela a de commun avec la manière dont vous me traitez? Ne suis je pas la femme la plus malheureuse de Kars, de toute la Turquie?

— Je suis toujours prêt à faire tout ce que vous désirez, Zabetta. M'avez-vous jamais fait une demande raisonnable que je vous aie refusée?

— Allah! Allah! Ne vous ai-je pas demandé mille fois de me tirer de cette ville horrible où vous m'avez amenée, où je suis enfermée comme une bête sauvage dans sa loge, où l'on ne trouve que des brigands, des Kourdes et des adorateurs du diable, et ne me l'avez-vous pas toujours refusé? Répondez à cela.

— Lumière de mes yeux, dit l'impassible Suleiman, comment pouvons-nous quitter cette ville sans nous ruiner? Tout ce que je possède s'y trouve. Vous voudriez que j'allasse à Constantinople où je ne connais personne; ici je suis connu et respecté.

— Oui, vous, vous, vous! Tout est pour vous et rien pour moi! *Mash allah!* Loué soit Allah! Vous songez à vous avant tout; il faut que votre longue barbe soit respectée et adorée tandis que je suis jetée dans un coin comme une paire de vieilles babouches! Allez, allez! je crache sur votre barbe.

—Vous êtes injuste, Zabetta. Je le dis encore, jamais je ne vous ai refusé une demande raisonnable. Que vous manque-t-il ici? Ne vous donnai-je pas toutes les parures que vous désirez? N'êtes-vous pas la maîtresse de choisir vos mets? N'avez-vous pas des esclaves? Ne prenez-vous pas tous les amusemens que bon vous semble? Il faut un peu de justice dans ce monde.

—Tout ce que vous dites n'est que sottises, de la boue, de l'ordure! s'écria Zabetta encore plus courroucée. Ai-je quitté mon pays, aban-donné mes parens, renoncé à ma foi, pour m'entendre dire, comme à un enfant, que je puis avoir de beaux habits, manger des bonbons pour m'empêcher de crier et aller me promener dans un cimetière et m'asseoir sur une pierre sépulcrale pour m'égayer l'esprit? Je ne suis pas née Grecque pour rien; je sais distinguer le blanc du noir. Vous êtes un fou, un âne.

En entendant ces épithètes insultantes, une couleur un peu plus vive se montra sur les joues de Suleiman ; les poils de sa barbe et de ses moustaches furent légèrement agités comme par un spasme involontaire, et un sillon se creusa sur son front. Cependant il conserva son calme. —Vous en dites trop, lui dit-il, vous ne pourriez vous plaindre davantage si je vous avais battue.

— Battue! si vous m'aviez battue! s'écria Zabetta au comble de la fureur; je voudrais bien le voir! Avez-vous tout-à-fait perdu l'esprit? Vous me battre! Croyez-vous me traiter comme votre esclave? Vil et misérable Osmanli, je vous prouverai que je suis Grecque. Allez! je vous déteste, je vous abhorre! Tenez, prenez cela! A ces mots, elle ôta ses pantoufles et les jeta l'une après l'autre à la tête de son mari. Sortant alors de l'appartement, elle en ferma la porte avec grand bruit et on l'entendit remonter sur la terrasse.

Une des pantoufles avait frappé Suleiman à la joue et l'autre au front; il les prit d'un air calme sur l'ottomane où elles étaient tombées et les plaça par terre. Se tournant ensuite vers Ayesha, qui avait souffert mille angoisses pendant cette scène, il lui dit en secouant la tête : — *Chok chay,* c'est un peu fort ! Et il ajouta à cette remarque sa profession de foi : Il n'y a d'autre Dieu que Dieu, et Mahomet est son prophète.

Ayesha se leva et s'approcha de lui ; ses traits exprimaient le plus tendre intérêt. — O mon père, lui dit-elle, ne vous mettez pas en courroux ! ma pauvre mère a l'esprit malade. Pour l'amour d'Ayesha, pardonnez-lui !

— Ce n'est rien, répondit Suleiman d'un ton calme ; portez-vous bien et soyez heureuse, Ayesha, et tout ira bien. Dieu est grand, Dieu est miséricordieux !

Ayesha garda le silence et resta assise près de Suleiman qui n'était que trop habitué aux emportemens violens de sa femme ; et, à l'aide de son chibouk et de sa résignation au *Kismet*, il retomba bientôt dans l'état d'indolence apathique qui faisait tout son bonheur.

CHAPITRE VI

> Ne va pas me tromper! Ne va pas te dédire!
> Je t'aime, tu le sais; mais je n'ose le dire.
>
> BEAUMONT ET FLETCHER.

LE compte que Stasso avait rendu à lord Osmond de son entrevue avec Zabetta avait excité plus que jamais sa curiosité. Qu'une femme musulmane parût prendre tant d'intérêt à un infidèle, à un Franc qu'il semblait impossible qu'elle connût le moins du monde, c'était une circonstance si extraordinaire, qu'il sentit qu'il n'aurait de repos que lorsqu'il aurait éclairci ce mystère.

—*Ekhi kateti, effendi*, il y a quelque chose là-dessous, mon maître, répétait Stasso encore le lendemain matin en lui contant une seconde fois son histoire.

— Il faut tâcher d'en découvrir davantage ce soir, lui dit Osmond. Demandez à la mère ce qu'elle veut dire et si je puis faire quelque chose pour elle ou pour sa fille.

— Que dites-vous, effendi? répondit le Grec; la diablesse est aussi rusée qu'un renard. Elle ne dira que ce qu'elle voudra bien dire; mais le fait est qu'il y a quelque chose là-dessous, j'en suis certain.

Stasso terminait chaque phrase relative à sa conversation avec Zabetta par les mots : Il y a quelque chose là-dessous accompagnés d'un secouement de tête, et il se promit de ne rien négliger pour découvrir ce que pouvait être ce quelque chose. Il retourna le soir sur la terrasse, et Osmond attendit son retour avec impatience.

Mais Stasso revint sans avoir rien appris que ce qu'il savait déjà. Il avait vu Zabetta; elle avait évidemment fait tout ses efforts pour lui inspirer de l'admiration pour ses charmes, mais il n'avait pu en tirer un seul mot qui eût rapport à son histoire où à celle de sa fille. La seule différence entre cette entrevue et la première était qu'elle y avait amené Ayesha, qui n'avait pas ouvert la bouche et qui avait toujours gardé son voile.

Cette circonstance mit en feu l'imagination d'Osmond et il résolut de chercher aussi à faire la connaissance de la mère, espérant que cela lui faciliterait les moyens de voir la fille' et de lui parler. L'enflure de son genou était presque entièrement dissipée et à peine y sentait-il encore une légère douleur. Il congédia donc la vieille Caterina qu'il récompensa de ses soins de manière à obtenir toute sa reconnaissance, et il fit venir Mustafa pour prendre avec lui des mesures pour son départ de Kars. A sa grande surprise, au lieu de trouver le tatar plein d'impatience de partir, il n'obtint de lui que des *bakallum'*, nous verrons, des *insallah*, s'il plaît à Dieu ; et toutes ces petites phrases tendant à occasioner un délai, derrière lesquelles un Turc ne manque jamais de se retrancher quand il désire rester *in statu quo*.

Le fait était que Mustafa n'avait eu besoin que d'entrevoir un instant Ayesha pour que son cœur trop susceptible se rendît à ses charmes ; et, ne donnant pas une seule pensée à une femme et à une petite famille qu'il avait laissées à Constantinople, il s'était demandé à lui-même s'il ne pourrait s'assurer cette perle précieuse pour seconde femme, et il s'était persuadé qu'un tatar aga, résidant à la porte fortunée de la splendeur royale, le messager confidentiel d'un ambassadeur à Stamboul, un homme connu et respecté dans toutes les maisons de poste, et recevant chaque mois un salaire fort honnête, pouvait fort bien demander et obtenir en mariage la fille d'un *ayan* de Kars. En conséquence, pour préliminaire à ses opérations, il donna les plus grands soins à son costume et à sa personne. La nature avait peu fait pour lui, et il n'était pas facile de suppléer à ce qu'elle avait oublié. S'il teignait en noir le peu de poils qui composaient ses moustaches, chacun d'eux se montrait dans un état d'isolement, et l'on pouvait les compter, comme des radis sur la table d'un avare. S'il les abandonnait à leur couleur naturelle, ils devenaient presque invisibles, et il était la plus méprisable de toutes les créatures dans l'opinion des Turcs, un *sakal-siz*, un homme sans barbe. Il était de petite taille, c'était un mal sans remède. Il était grêle et maigre, mais ce défaut pouvait se cacher en mettant un plus grand nombre de vêtemens : il s'acheta donc une robe neuve qu'il fit doubler d'une fourrure épaisse, mit une seconde paire de *shalwars* ou pantalons au-dessus des siens, et leur donna une circonférence qui le gênait pour marcher. Jetant ensuite sur son épaule un petit mouchoir de mousseline brodée, et prenant en main une pipe d'ambre, il se flatta d'offrir des attraits que l'objet de ses désirs trouverait irrésistibles.

Équipé de cette manière, et ses pistolets passés dans sa ceinture, il se mit à se promener avec un air plus important que jamais devant la porte de Suleiman aga, dans l'espoir que sa fille, si elle le voyait de derrière sa jalousie, deviendrait éprise de lui à la première vue, ou que, si elle sortait pour aller au bain, il pourrait se montrer à elle et attirer son attention. Vain espoir, peines inutiles ! Il ne vit paraître personne derrière la jalousie, et personne ne sortit de la maison. Après avoir passé ainsi une couple d'heures, il pensa enfin à enrôler à son service la vieille Caterina ; il savait que les mariages se négociaient souvent par l'entremise de vieilles femmes, et il n'ignorait pas qu'elle allait très-souvent dans le harem de Suleiman aga.

La première fois qu'elle vint chez le teinturier, il l'aborda avec plus de politesse qu'il ne lui en montrait ordinairement : — *Bana bak ai guzum*, regardez-moi, mes yeux, lui dit-il. *Gel*, approchez, j'ai à vous parler.

— En quoi puis-je vous servir ? lui demanda la vieille, surprise qu'un vrai croyant parlât si poliment à une chrétienne.

— Vous êtes une femme de bon sens, dit le tatar, et vous entendez à demi mot. La fille de Suleiman aga, que nous avons vue l'autre jour sur la terrasse, n'est pas une personne qu'on peut voir indifféremment. Vous me comprenez?

— Sans doute, sans doute, je vous comprends; il n'y a pas une fille comme elle dans le monde entier. Eh bien!

— Eh bien! répéta Mustafa avec surprise; vous ne me comprenez pas? Je ne vous croyais pas si sotte. Quand un homme parle d'une fille, à quoi peut-il songer, si ce n'est au mariage?

— Au mariage! s'écria Caterina aussi étonnée que si Mustafa lui eût proposé de l'épouser elle-même. Quoi! vous voulez obtenir Ayesha en mariage! Et qui êtes-vous donc? Qu'est Ayesha? Vous êtes fou. Et elle partit d'un éclat de rire qui mortifia considérablement le pauvre tatar.

— C'est vous qui êtes folle, vieille édentée! Une fille n'est qu'une fille, après tout; et quand elle peut obtenir un mari, que lui faut-il de plus? Je suis un tatar aga; trouvez-en un autre à Kars! Si vous êtes une folle, je n'ai rien à vous dire; si vous avez du bon sens, parlez pour moi à Suleiman aga et à sa fille, et apprenez-moi leur réponse. J'ai de l'argent, *Mashallah!* et je ne manque de rien.

— Que je parle à Suleiman aga! Où avez-vous donc vécu, si vous comptez Suleiman au nombre des hommes? Il n'est rien chez lui; c'est sa femme, Zabetta Khanum, qui est la maîtresse, et il lui faut pour sa fille un pacha tout au moins, sinon un visir ou un capitan pacha. Non, non, ce n'est pas à vous qu'elle la donnera.

Mustafa releva ses moustaches, mit la main à son menton comme s'il eût cru y trouver une barbe, eut l'air humilié et indigné en même temps, et termina l'entretien en disant seulement : — *Bakalum*, nous verrons. Il sortit alors de l'appartement, mais sans perdre l'espoir de faire la conquête du cœur d'Ayesha et de devenir son époux.

Osmond, se trouvant enfin complètement guéri, commença à songer sérieusement à la nécessité où il était de continuer son voyage ; mais le voisinage de la belle Ayesha était comme un talisman qui le retenait à Kars, et il résolut de satisfaire la curiosité qu'il éprouvait d'apprendre son histoire, en faisant connaissance avec elle, s'il était possible. Il se décida donc à accompagner Stasso sur la terrasse, dans l'espoir qu'elle y viendrait encore avec sa mère ; mais il eut soin de cacher son projet à Mustafa et à tous les habitans de la maison de Bogos.

Dès que la voix des muezzins qui, du haut des minarets, appelaient les fidèles à la prière, eut cessé de se faire entendre, Stasso, marchant avant son maître, monta sur la terrasse. Dès qu'il y fut arrivé, il vit que Zabetta et sa fille y étaient déjà ; et il fit un signe à son maître qui le suivit sur le champ.

Ayesha n'était pas préparée à cette rencontre. Dès qu'elle aperçut Osmond, elle alla se placer derrière sa mère et se couvrit soigneusement de son voile; elle ne savait ce qu'elle devait faire. Les principes de son éducation mahométane l'auraient portée à fuir la présence d'un infidèle: mais elle était avec sa mère, et il lui semblait qu'elle n'avait pas besoin d'autre protection.

Osmond reçut de Zabetta tous les encouragemens que peuvent donner la flatterie et l'air le plus gracieux; elle mit de côté le ton hautain du musulman et prit les manières serviles et rampantes du Grec. Il avait toujours entendu dire que les renégats avaient un fanatisme religieux plus violent et plus intolérant que les mahométans de naissance, mais il vit tout le contraire en cette occasion. Il n'entendit rien sortir de la bouche de Zabetta qui ne tendît à prouver combien elle était mécontente de son sort et quel souverain mépris elle avait pour ceux qui l'entouraient.

— Voyez, lui dit-elle, quel malheureux destin est le mien! Avoir été jetée au milieu d'un tel peuple! Être condamnée à habiter une misérable ville comme celle-ci! Vous, effendi, qui avez vu Constantinople et presque tout l'univers, n'aurez-vous pas pitié de deux pauvres proscrites qui vivent ici dans un exil sans espoir? Et elle ajouta, en prenant un ton de plaisanterie, quoiqu'elle parlât très-sérieusement : Ne nous emmènerez-vous pas avec vous?

D'après ses manières et ses discours, Osmond fut convaincu qu'elle jouait un rôle et qu'elle avait quelque dessein secret. Il lui répondit de manière à tâcher de gagner sa confiance et de tirer d'elle tout ce qu'il désirait savoir relativement à Ayesha ; mais elle se tint sur la réserve et elle lui cacha soigneusement toutes les parties de son histoire qui se rattachaient à celle d'Ayesha, quoiqu'elle dit et fît tout au monde pour l'intéresser en sa faveur.

Pendant ce temps, Ayesha avait été tellement frappée du contraste que le ton, l'air et les manières d'Osmond offraient avec ses concitoyens, que ses yeux étaient constamment fixés sur lui et qu'elle écoutait avec avidité chaque parole qu'il prononçait. Il est des hommes qui possèdent à un plus haut degré que les autres le pouvoir de faire naître la confiance dans le cœur des femmes, et Osmond était du nombre. Il écouta Zabetta d'un air de déférence et parut prendre intérêt à tout ce qu'elle lui disait. Il était bon observateur, et il fut bientôt en état de juger de ce qui se passait dans l'esprit d'Ayesha tandis qu'il parlait à sa mère ; mais, craignant d'alarmer sa timidité en lui adressant trop promptement la parole, il ne voulut le faire que lorsqu'il se fut aperçu qu'il avait réussi à détruire en partie ses préjugés mahométans. Cependant il ne pouvait s'empêcher de jeter de temps en temps un regard sur elle, et elle semblait flattée du respect tacite qu'il lui montrait. Enfin Zabetta lui ayant exprimé de nouveau son désir de l'accompagner à Constantinople, il lui répondit:

— Plût au Ciel qu'il me fût possible de mettre un tel projet à exécution! Que je serais heureux de pouvoir soustraire à leur destin deux beautés semblables, et d'être témoin de l'admiration qu'elles feraient naître dans mon pays! Ayesha sourit d'un air mélancolique et secoua la tête. Alors Osmond se hasarda à se tourner vers elle et ajouta du ton de l'intérêt le plus vif : Mais je crains que nos destinées n'aient été jetées dans un moule différent!

— *Allah bilir*, Dieu le sait, dit Ayesha retenant à peine un soupir et détournant la tête.

Ces mots firent circuler le sang plus rapidement dans les veines d'Osmond. Jamais il n'avait entendu une voix si enchanteresse, un ton de sensibilité si profonde.

— Si ces destinées pouvaient être changées, reprit Osmond, si une femme si charmante daignait m'accepter pour ami et pour protecteur, combien je bénirais le jour qui m'a amené à Kars !

— Mais non pas l'heure qui a causé votre fatal accident, dit Ayesha.

— Que dites-vous? s'écria Osmond; cet accident fait toute ma joie. Sans lui, je ne vous aurais jamais vue; sans lui, je ne me serais jamais imaginé que vous pussiez prendre quelque intérêt à mon destin. Le souvenir du moment où vous êtes venue à mon secours a gravé pour toujours votre image dans mon cœur.

Le sein d'Ayesha palpitait, ses joues se couvraient de rougeur, et elle cacha en partie son visage sous son voile. — Vous ne pouvez penser ce que vous me dites, lui répondit-elle; vous ne me connaissez pas, vous ne pouvez me connaître.

— Ne pas penser ce que je vous dis! s'écria Osmond; moi qui n'ai jamais vu rien qui approche de vous! moi dont l'imagination n'avait jamais pu se figurer une perfection semblable! Mais vous avez raison; je ne vous connais pas, je ne puis vous connaître; mon faible esprit ne sera jamais en état d'apprécier votre mérite.

— Ne me parlez pas ainsi, effendi, répliqua Ayesha; je ne suis qu'une pauvre fille et je ne suis pas habituée à entendre des discours si flatteurs. Je n'ai pas été élevée dans une grande cité, et je suis l'enfant de la sincérité. Mais il ne me convient pas de vous parler, ajouta-t-elle en soupirant; je suis une fille d'Islam et vous méprisez notre prophète et notre religion.

Osmond aurait voulu la serrer dans ses bras tandis qu'elle parlait ainsi, tant elle s'exprimait avec un accent d'humilité sincère. Bien loin de montrer l'arrogance du mahométan qui affiche le mépris pour les chrétiens, elle semblait au contraire ne faire aucun cas d'elle-même et reconnaître la supériorité de celui à qui elle parlait.

— A Dieu ne plaise que je méprise personne, s'écria-t-il d'un ton animé, et surtout une chose aussi sacrée que la religion. Ne sommes-nous pas tous les créatures d'un seul Dieu? Ne pensez pas si mal de moi.

— Je ne puis mal penser de vous, répondit Ayesha; mais des devoirs différens nous sont imposés, et l'on m'a appris qu'un vrai croyant ne peut, sans péché, parler à un *giaour*, à un infidèle.

— Ne pensez pas ainsi, dit Osmond. Vous ne voudriez faire mal à personne; vos yeux, vos discours, tout me le prouve, et pourtant, refuser de me parler ce serait vouloir me rendre malheureux.

Cet argument fit quelque impression sur Ayesha; car il ne lui était jamais entré dans l'esprit qu'elle pût rendre personne malheureux. Elle leva les yeux sur Osmond, comme si elle eût voulu dire : — Que dois-je donc faire, me trouvant placée entre mon devoir et mon inclination? Il vit son embarras, et, ne voulant pas l'augmenter, il détourna la conversation, lui parla d'autres objets et fut aussi surpris qu'enchanté

de la justesse de son jugement et de ses ob-
servations sur tous les points qui avaient fait
partie de son éducation, et surtout de la libéralité de ses idées et du peu de préjugés qu'elle
avait, malgré la tendance de l'instruction religieuse qu'elle avait reçue. Elle donnait la plus
vive attention à tout ce qui développait en elle
de nouvelles idées, faisait des questions à Osmond sur tout ce qu'elle ne comprenait pas bien
et semblait l'écouter comme un oracle qui devait
dissiper les ténèbres de l'ignorance dans laquelle elle paraissait sentir qu'elle avait vécu
jusqu'alors. Il aurait volontiers passé ainsi toute
la nuit; mais Zabetta annonça enfin qu'il était
temps qu'elles se retirassent.

Pendant la conversation d'Osmond avec sa
fille, elle avait eu elle-même un entretien avec
Stasso qui avait fait de nouveaux efforts pour
obtenir d'elle de nouveaux détails sur son histoire, mais sans pouvoir y réussir. Elle parut
fort contrariée en apprenant qu'Osmond songeait à partir, car son départ détruirait les projets qu'elle avait formés; et elle commença sur
le champ à chercher les moyens d'y susciter des
obstacles. Elle avait appris de Caterina l'impression que la beauté de sa fille avait faite sur Mustafa; et comme elle savait que les tatars peuvent contribuer à accélérer ou à retarder un
départ par suite de l'influence qu'ils exercent

sur toutes les maisons de poste, elle résolut de
se servir de lui pour faire réussir ses desseins.

Avant de quitter la terrasse, elle consentit à
une nouvelle entrevue pour le lendemain soir,
et, dès qu'elle fut de retour dans son appartement, elle fit dire à Mustafa que, s'il voulait se
trouver à la porte du harem de Suleiman aga le
lendemain de bonne heure, elle le verrait et lui
parlerait.

Lorsque Mustafa, le lendemain matin, reçut
le message de Zabetta par l'entremise de Caterina, qui lui donna à entendre qu'il serait question dans cette entrevue de l'objet de ses désirs,
il sortit de l'état d'apathie qui lui était devenu
habituel, et, secouant sa pipe qu'il venait de
remplir à l'instant, il se leva sur le champ et
sécria : — *Gidelim*, partons.

— *Mashallah!* dit Caterina, vous rajeunissez
tout d'un coup.

— Qu'appelez-vous rajeunir? dit Mustafa; de
combien d'années voudriez-vous donc que je
fusse plus jeune? Et, retroussant ses petites
moustaches, il ne perdit pas un instant pour
suivre la vieille qui le conduisit à la porte du
harem de Suleiman aga et qui l'y laissa. Zabetta
ne tarda pas à paraître, et, sous prétexte d'avoir
à donner au tatar quelque commission pour
Erzeroum ou Stamboul, elle l'invita à s'asseoir
et entra en conversation avec lui.

— Vous êtes le bien-venu, tatar aga; puissiez-vous vivre de nombreuses années!

— Je vous remercie, Khanum.

— Vous portez-vous bien?

— Fort bien, grâce à Allah! Et vous, que faites-vous ici?

— Que puis-je faire? je reste assise. Avez-vous quelques nouvelles à m'apprendre?

— Je n'en sais aucune.

— Nous avons pourtant à parler d'une affaire, dit Zabetta qui, ayant assez battu les buissons, crut qu'il était temps d'entrer en chasse, d'une affaire qui vous concerne et dont la vieille Arménienne m'a entretenue.

— Eh bien, dit Mustafa avec quelque embarras, vous savez ce dont il s'agit. Cela se fera-t-il?

— Demandez-moi plutôt comment cela peut se faire, quand vous êtes sur le point de partir. On ne peut se marier au galop; une telle affaire exige du temps. *Mashallah!* Vous n'êtes pas un âne et vous pouvez retarder ce départ autant qu'il vous plaira.

— Le jeune beyzadeh, mon maître, est comme du feu quand il a résolu quelque chose.

— Mais il n'a pas encore vu le pacha; il faut qu'il lui rende visite : il ne peut partir sans cette cérémonie. Cela prendra du temps; c'est à vous d'y veiller.

— J'y veillerai. *Inshallah!* je susciterai des délais. Mais parlons un peu de votre fille.

— Songez d'abord à cette affaire; retardez votre départ, dites des mensonges, dites ceci et cela, dites tout ce qu'il vous plaira, pourvu que vous retardiez le départ du beyzadeh. Vous me comprenez?

Mustafa la comprenait fort bien; mais il ne concevait pas pourquoi, lorsqu'il s'agissait d'arranger un mariage, on ne disait pas un mot sur ce sujet, et pourquoi, quand il était une des parties intéressées, il était traité comme si l'affaire ne le concernait pas. Cependant il se retira à demi satisfait puisqu'il n'avait pas essuyé un refus, et se consola de ne pas avoir complètement réussi, en se disant à lui-même : — *Ne apalum*, que puis-je faire? *Avret der*, c'est une femme. Et, secouant un pan de sa robe, il ajouta : Que le Ciel me sauve d'une femme!

CHAPITRE VII.

Au premier mot que lui dit Mustafa, Osmond
fut d'accord avec lui qu'il était convenable qu'il
allât rendre visite au pacha avant son départ ;
car il n'était pas fâché lui-même de trouver un
prétexte pour le retarder. En conséquence,
toutes les formes de l'étiquette ayant été préalablement réglées, un cheval, escorté par deux
chokhadars (littéralement, porteurs de man-
teaux), et conduit par un palefrenier, fut envoyé
à la porte de la maison du teinturier, avec l'in-

vitation à Osmond de s'en servir pour se rendre au palais du gouvernement. C'était une grande maison séparée des autres, dans laquelle on entrait par une porte à deux battans conduisant dans une grande cour. On y voyait plusieurs beaux chevaux au piquet et divers groupes de gens au service du pacha ou de personnes qui venaient pour affaires; les uns étaient assis par terre, fumant leur pipe; les autres se promenaient en attendant le moment où ils pourraient être reçus.

Osmond descendit de cheval au bas d'un escalier en pierre situé devant le principal corps de logis, et au haut duquel étaient les antichambres et la salle d'audience. En dessous, et de niveau avec le sol, il remarqua une petite fenêtre garnie de barres de fer croisées, et y apercevant quelques figures humaines qui semblaient implorer la compassion, il en conclut que c'était un cachot. Dès qu'il fut au haut de l'escalier, il fut introduit dans la salle d'audience et il se fit suivre par Mustafa et Stasso pour se former un cortége.

Sur le coin le plus éloigné de la porte, de l'ottomane qui entourait l'appartement, il aperçut une montagne de châles et de fourrures, une longue barbe, un nez et deux yeux noirs : ces trois derniers objets annonçaient un homme, et cet homme était le pacha. En face de lui était un vénérable Turc : c'était Suleiman aga, comme Osmond l'apprit ensuite. Un peu plus bas était accroupi un petit homme à physionomie atrabilaire, portant le costume des prêtres, et iman d'une mosquée voisine. Le bout de la salle était rempli de *chiboukchis*, ou porteurs de pipes, et d'autres personnes au service du pacha parmi lesquelles Mustafa et Stasso allèrent se placer.

Dès qu'Osmond eut pris la place qui lui fut indiquée sur l'ottomane, le pacha lui dit : — *Khosh geldin*, vous êtes le bien-venu. ;

— *Khosh bulduk*, vous êtes le bien-trouvé, répondit Osmond.

Un silence d'environ une minute s'ensuivit. Pendant ce temps, Suleiman aga ne tourna la tête ni à droite ni à gauche; mais l'iman examina Osmond avec beaucoup d'attention. Le pacha ouvrit de nouveau la bouche et dit : — *Kie finiz ayi me*, vous portez-vous bien?

— Très-bien, répondit Osmond avec gravité.

Après une autre pause, le pacha répéta : — *Khosh geldin*, et Osmond répliqua:

— Je suis votre serviteur.

Alors, tournant les yeux du côté de ceux qui attendaient ses ordres, le pacha dit : — *Chibouk, cahweh getir*, apportez des pipes et du café. Plusieurs hommes, vêtus de longues et belles robes, sortirent sur le champ pour lui obéir, sans faire le moindre bruit et d'un air aussi solennel que

si la compagnie eût été assemblée pour des fu-
nérailles. Ils rentrèrent au bout de quelques instans, apportant des pipes d'environ six pieds
de longueur qu'ils présentèrent tour à tour à
chacun en lui mettant dans la bouche le bout
garni d'ambre, après avoir placé le fourneau sur
un petit plat rond déposé sur le tapis. Le café
fut alors servi presque bouillant, dans de très-
petites tasses, par un personnage d'un grade supérieur aux *chiboukchis.*

Quand on eut pris le café, on entendit au milieu de la fumée la voix de l'iman qui demandait au pacha, en lui montrant Osmond : — *Kim
bou,* qui est-ce?

— C'est notre ami, répondit le pacha d'un
ton de bonne humeur, un *beyzadeh* anglais.
N'est-il pas vrai? ajouta-t-il en se tournant vers
Mustafa.

— Oui, effendi.

— Et qui êtes-vous? lui demanda l'iman.

— Je suis tatar aga.

— Oui, oui! Et, passant la main sur sa barbe,
il murmura sa profession de foi et y ajouta:
Shukiur Allah! louange soit à Dieu! comme s'il
eût voulu dire : Je remercie le Ciel de m'avoir
fait ce que je suis.

Après un long intervalle de silence, le pacha
se tourna vers Osmond et lui demanda si l'on
avait des pipes et du tabac dans son pays.

— Non des pipes comme celles-ci, répondit Osmond; en général, nous ne fumons pas.

Le pacha se tourna lentement vers Suleiman aga et lui dit à demi voix, d'un air de pitié et de mépris : — *Haivan der*, ce sont des animaux.

Suléiman secoua la tête, et dit : — *Ne apalum*, qu'y faire?

Plusieurs minutes se passèrent encore en silence, et le pacha demanda à Osmond s'il y avait des chevaux dans son pays.

— Certainement, répondit Osmond.

Le *mir akhor*, ou chef des écuries, un des principaux serviteurs du pacha, lui dit avec un ton d'humilité : — Puissent vos années être nombreuses! Les Francs ont des chevaux, mais tous leurs chevaux sont *begiurs*, hongres, et ils leur coupent la queue.

— Est-il possible? dit le pacha sans la moindre émotion. Allah! Allah!

Suléiman aga et l'iman répétèrent : — Allah! Allah!

Le pacha tourna de nouveau les yeux vers Suleiman et lui dit à voix basse : — *Delhi der*, ce sont des fous!

— *Ne apalum!* répéta Suleiman d'un ton de résignation.

Tout à coup on vit paraître, parmi la foule des serviteurs du pacha, un nègre d'une taille énorme et assez mal vêtu; c'était le *pehlivan bashi*, ou premier lutteur du pacha. En le voyant, la physionomie du pacha s'anima; il le regarda avec un air de satisfaction et de triomphe, et dit à Osmond: — Avez-vous rien de semblable dans votre pays?

— Que puis-je dire? répondit Osmond; nous y avons de grands et de petits hommes.

— *Bakalum*, nous verrons, dit le pacha. Il fit un signe au nègre qui sortit de l'appartement; et, quelques minutes après, on le vit au milieu de la cour complètement nu à l'exception de pantalons faits pour lutter et qui étaient bien graissés, ainsi que tout son corps. Il attendait le signal de son maître pour donner une preuve de sa force en combattant un autre lutteur qui était en même costume et préparé à cette rencontre.

Le signe ayant été donné, le nègre frappa des mains et son adversaire en fit autant; ils accomplirent alors tout le cérémonial usité par les lutteurs turcs avant d'en venir aux mains, et qui consiste en attitudes bizarres, en prostrations et en vociférations de *Bismillah* et Allah! Ils cherchèrent alors à se prendre au corps, ce qui n'était nullement facile, attendu l'huile dont ils étaient enduits, ce qui faisait qu'ils glissaient comme des anguilles entre les mains l'un de l'autre. Le nègre était évidemment le plus vigoureux, mais il était lourd et indolent, et à peine pouvait-il résister aux attaques de son antagoniste plus léger et plus actif. Enfin, pourtant, l'Africain réussit à passer la tête entre les jambes de son adversaire, et, se redressant tout à coup, il le fit sauter par dessus ses épaules et l'étendit par terre sur le dos. C'était tout ce qu'il fallait pour être déclaré victorieux. Après cet exploit, il courut sous la fenêtre près de laquelle était son maître et s'écria : — Vive à jamais le pacha ! Le pacha enchanté lui jeta une petite pièce d'or pour le récompenser, et ordonna qu'on le lui amenât pour le présenter à Osmond. Le nègre arriva bientôt, conservant le même costume avec lequel il avait lutté.

— Eh bien ! répéta le pacha, avez-vous rien de semblable en votre pays ?

Osmond répondit à cette question par un compliment en l'honneur du lutteur victorieux, et il l'accompagna d'un présent qui fut encore plus satisfaisant pour le nègre et qui ne contribua pas peu à lui valoir les bonnes grâces du pacha.

— Allah ! dit le pacha à Suleiman aga, les Anglais sont de braves gens !

Suleiman ne lui répondit pas, mais il se tourna vers Osmond et lui dit : — Vous êtes un *giaour*, un infidèle, n'est-ce pas ?

— Si par *giaour* vous entendez un homme

qui ne croit pas à la foi des musulmans, je le
suis, répondit Osmond; mais vous me permet-
trez de vous dire que je ne suis pas plus *giaour*
que vous ne l'êtes vous-même pour ne pas croire
à la foi des chrétiens.

Le mot *giaour* n'est jamais employé par un
Turc que dans un sens offensant, et quand on
entendit un infidèle comme Osmond l'appliquer de cette manière à un vrai croyant, à un
des hommes les plus respectés de la ville, chacun parut frappé d'étonnement et d'horreur.

Le pacha qui, au fond du cœur, n'aimait pas
les fanatiques et qui passait sa vie dans les plaisirs et dans la sensualité, voulut empêcher cette
conversation d'aller plus loin et demanda de
nouveau du café et des pipes, ce qui fut un signal pour mettre fin à la visite. Osmond se leva
et prit congé de lui; mais ce qu'il avait dit lui
avait attiré l'inimitié prononcée de Suleiman
aga et la haine implacable de l'iman, qui retourna chez lui plus courroucé que jamais contre les chrétiens, et plus ravi d'être ce qu'il
était.

Après avoir satisfait aux demandes nombreuses de *backshish* que ne manquent jamais de
faire les officiers et serviteurs d'un pacha à
ceux qui rendent une semblable visite à leur
maître, Osmond retourna chez lui. Il sentait
qu'il n'avait plus aucune excuse pour différer

plus long-temps son départ, et cependant un charme irrésistible le retenait à Kars, et il ne savait quels ordres donner à Mustafa qu'il supposait impatient de partir.

De son côté, le tatar se creusait le cerveau pour trouver de nouveaux moyens pour retarder le départ de son maître; et ayant déjà, en d'autres occasions, éprouvé la difficulté de contrarier les désirs d'Osmond quand il était décidé à quitter un endroit où il avait séjourné, il était dans le plus grand embarras. Comme l'aurait dit un Persan, il fumait la pipe de la réflexion, et elle n'exhalait que la fumée de l'incertitude. Après avoir formé divers projets qu'il abandonna comme ne pouvant réussir, il se détermina à avoir recours à l'esprit plus fertile de Zabetta, car il était assez instruit pour savoir qu'en fait de ruse et d'astuce, les hommes ne sont que des enfans auprès des femmes. Il se rendit donc à la porte du harem de Suleiman et fit demander une audience à Zabetta; elle ne se fit pas attendre long-temps.

— Qu'est-il arrivé, tatar Aga? lui dit-elle; comment va notre affaire?

—Que sais-je? Nous avons été voir le pacha; tout s'est bien passé. Mais si le beyzadeh veut partir demain matin, que puis-je lui dire? Je ne puis mentir à mon maître.

— Que dites-vous? Vous êtes homme et vous

ne pouvez mentir? cela est impossible. Où avez-vous donc vécu? Nous sommes dans le Kourdistan au milieu de fripons et de brigands; ce pays est la patrie du mensonge.

— Mais que puis-je faire Zabetta Khanum?

— Ce que vous pouvez faire? Allez dire à votre aga que les Kourdes ont volé, la nuit dernière, tous les chevaux du menzil Khaneh : ce n'est pas un événement bien rare; dites-lui qu'on ne peut passer la montagne de Savanlu, à cause de la bande de Cara-Bey; dites-lui que les troupes du pacha d'Erzeroum tuent tous les Francs. A quoi bon vous adresser à moi quand le premier enfant que vous rencontrerez dans la rue est en état de vous fournir une demi-douzaine de mensonges meilleurs qu'aucun de ceux que je pourrais inventer? Dites-lui qu'il ne peut songer à partir de Kars avant huit jour au plus tôt.

— *Bakalum,* nous verrons, dit le tatar en secouant la tête d'un air pensif.

— *Bakalum! bakalum!* répéta Zabetta avec impatience; vous autres Osmanlis, vous n'avez jamais que *bakalum* au fond du gosier. Il ne s'agit pas de voir, il faut agir.

— Mais, Khanum, dit Mustafa avec un ton d'humilité, quand aurons-nous donc un entretien relativement à ma petite affaire?

— Ah! votre affaire. Oui, oui, répondit Zabetta, qui avait presque oublié l'amour du tatar
pour sa fille, tant elle était occupée de ses propres projets. Laissez m'en le soin. Suleiman aga,
mon mari, n'est pas un homme facile à manier;
mais, *Inshallah!* tout se terminera à votre satisfaction. Allez retrouver votre aga; retardez son
départ, et nous aurons le temps de parler de
cette affaire. — Adieu, vous avez été le bien-
venu.

Mustafa se leva, et, alongeant lentement un
pied avant l'autre, il occupa son esprit à la fa-
brication d'un mensonge, ce qu'il ne se permettait guère à l'égard de son maître, quoiqu'il pût
le faire avec les Turcs. Pour faciliter cette opération, il entra dans un café, y alluma sa pipe
et demanda une tasse de ce breuvage qu'on
prend à toute heure en Turquie. Il y rencontra
un de ses amis, un tatar qui allait de Constantinople en Perse, et qui, en lui parlant de son
voyage, lui apprit qu'il avait réellement rencontré dans les défilés de la montagne de Savanlu
un détachement de la bande de Cara-Bey, qu'il
ne lui avait échappé qu'avec la plus grande difficulté et que la veille ces brigands avaient
pillé une caravane qui allait à Erzeroum et tué
un marchand arménien. Cette nouvelle remplit
de joie Mustafa, et, au grand étonnement de
son ami, il ne put retenir l'exclamation : Louange

au prophète! Il se hâta de lui expliquer qu'il se réjouissait de ce qu'il avait heureusement échappé à ces brigands; mais dans le fait, il était enchanté de pouvoir se présenter devant son maître sans avoir un mensonge sur les lèvres, et d'avoir à lui alléguer un motif suffisant pour retarder son départ.

Il prit donc congé de son ami dès qu'il eut fini sa pipe, et retourna chez Bogos. En entrant dans l'appartement de lord Osmond, il crut devoir prendre un air de chagrin, et il s'accroupit sur le tapis, le front soucieux et la figure alongée.

— Qu'avez-vous donc, Mustafa? Que vous est-il arrivé? demanda Osmond.

— Je viens d'apprendre de mauvaises nouvelles, répondit le tatar, de très-mauvaises nouvelles.

— Vraiment! reprit Osmond qui avait assez bien étudié le caractère des Orientaux pour savoir ce qu'ils appelaient de bonnes ou de mauvaises nouvelles. Le prix du café a-t-il augmenté? La récolte du riz s'annonce-t-elle mal?

— Non, non, dit le tatar, en secouant la tête, il s'agit de toute autre chose.

— Le tabac manque-t-il dans le bazar?

— Non, effendi, non. Nous ne manquons ni de café, ni de riz, ni de tabac, *Alhem Dulliflah*, louanges soient à Dieu! Mais ce chef de bandits, ce Cara Bey, est avec sa bande sur la montagne de Savanlu, et personne ne peut y passer en sûreté. Le maître de poste ne veut pas risquer ses chevaux et nous voilà condamnés à rester ici jusqu'à ce qu'il plaise au destin que la route soit libre. Omar aga, le tatar, vient d'arriver, et il a vu sur la route dix marchands arméniens étendus morts.

— C'est véritablement une mauvaise nouvelle, dit Osmond d'un ton plus sérieux. Et pourtant, s'il n'eût eu lui-même le désir de différer son départ, cette circonstance ne l'aurait pas arrêté, car il savait combien on exagérait toutes ces histoires. Ce Cara Bey est un vrai fléau. Eh bien! Mustafa, il faut que nous attendions une couple de jours, jusqu'à ce que nous apprenions que la route soit libre. Ce n'est pas un grand malheur après tout. Mon genou sera complétement guéri et nous pourrons réparer le temps perdu.

— *Inshallah!* dit Mustafa charmé d'avoir réussi dans son projet, et ne se doutant pas de tout le plaisir qu'il avait fait à son maître en lui fournissant une excuse plausible pour rester à Kars plus long-temps.

Osmond éprouvait la même sensation qu'un condamné qui vient de recevoir un surcis à son exécution. Sa passion pour Ayesha avait fait de nouveaux progrès depuis la dernière entrevue qu'il avait eue avec elle. Il était plus convaincu

que jamais que quelque mystère s'attachait à son
histoire; mais quoi qu'il en fût, elle était bien
supérieure à tout ce qu'il avait jamais vu des
Asiatiques, et il sentait le plus grand désir de la
sauver de la dégradation à laquelle les femmes
sont condamnées dans l'Orient, et de transplan-
ter cette belle fleur sur un sol où elle pût s'é-
panouir avec plus d'avantage. Mais plus il songeait à ce projet, plus il voyait de difficulté à
l'exécuter. S'il pouvait la conduire à Constantinople, il ne doutait pas qu'il ne réussît à déjouer
la surveillance des autorités turques et à l'emmener sans danger dans son pays. Mais dans
une ville comme Kars, située dans l'intérieur du
pays, comment pourrait-il en venir à bout, lui
étranger, lui chrétien, sans assistance, sans aucun pouvoir? Il comptait davantage sur le désir
qu'avait montré Zabetta de quitter ce pays,
quoiqu'elle eût eu l'air de n'en parler qu'en
plaisantant; et il lui tardait qu'elle reprît le
même sujet de conversation, afin de voir si la
connaissance qu'elle avait du pays et l'esprit fertile de son sexe l'avaient mise en état de trouver un moyen praticable d'exécuter ce projet.

Lorsque l'heure du rendez-vous convenu la
veille fut arrivée, Ayesha accueillit Osmond avec
un air de confiance parfaite. La candeur et l'in-
génuité brillaient dans ses traits; et l'amour,
qui, sans qu'elle s'en doutât, s'était glissé dans

son cœur, y jetait un charme inexprimable de
modestie et de timidité. Osmond en devint plus
épris que jamais ; la présence de Zabetta ne jetait aucune contrainte sur son entretien avec
Ayesha, car elle semblait l'encourager en cau-
sant de son côté avec Stasso, et peut-être n'aurait-il pu s'empêcher, dans cette entrevue de faire
l'aveu de sa tendresse à celle qui en était l'objet, si
la mère n'y eut mis obstacle tout à coup, en lui
parlant de nouveau de son projet de s'évader de
Kars. Cette femme adroite et clairvoyante avait
épié les progrès de la passion d'Osmond pour
sa fille, et elle pensa que le moment était arrivé
de s'assurer de sa coopération pour exécuter le
plan qu'elle avait formé. Après lui avoir adressé
quelques unes de ces flatteries abjectes, si com-
munes dans la bouche des Grecs, elle lui proposa donc, au lieu de se rendre directement à
Constantinople en partant de Kars, de prendre
la route la plus courte pour arriver sur les frontières de la Géorgie, où il se trouverait sous la
protection de la Russie, et où elle avait des
moyens sûrs pour aller le joindre avec Ayesha.
Elle lui fit observer que, s'ils essayaient d'aller
directement à Constantinople, soit par la route
ordinaire, soit par Trébizonde et la Mer-Noire,
ils seraient infailliblement poursuivis, arrêtés,
et peut-être punis du châtiment prononcé en
pareil cas par les lois mahométanes. — Une

fois en sûreté chez les Moscovites, ajouta-t-elle,
nous pourrons décider à loisir si vous nous con-
duirez à Constantinople ou dans votre pays, en
traversant les différens états du Frangistan [1].

La hardiesse de ce plan concerté par une
femme, par l'épouse d'un musulman, étonna
Osmond; car il était accoutumé à regarder les
femmes de l'Orient comme des créatures si in-
dolentes et tellement routinières, qu'il regarda
Zabetta comme un miracle d'esprit et d'activité.
Cependant avant de donner son entière approbation à ce plan, il demanda le temps d'y réfléchir; car, quel que fût son amour pour Ayesha,
il ne voulait pas tenter imprudemment une entreprise qui pouvait l'exposer, ainsi que sa mère
et lui-même, à des dangers peut-être inévita-
bles. Il désirait en outre s'assurer préalablement
des sentimens d'Ayesha sur ce sujet; car il
voyait en Zabetta une femme d'un caractère violent et impétueux dont les projets se rappor-
taient évidemment plus à elle-même qu'à sa fille,
et qui pouvait se porter à des actes de témérité.
Il était donc nécessaire qu'il eût un entretien
avec Ayesha, sans que sa mère y fût présente;
car il voyait qu'elle n'osait s'opposer à aucun

[1] C'est-à-dire de l'Europe, du pays des Francs. (*Note
du Trad.*)

dè ses désirs. Il sut trouver un instant pour la
supplier de se rendre le lendemain soir sur la
terrasse avant sa mère. Ayesha ne put lui répondre, sa mère lui ayant dit en ce moment de
la suivre, mais il crut voir dans ses yeux qu'elle
n'avait pas dessein de lui faire essuyer un refus.

CHAPITRE VIII.

Mon amour est immense ainsi que l'Océan.
J'ai beau t'en accorder, j'en garde davantage;
Car il est infini, sans bornes, sans partage.
J'entends du bruit. Adieu !

SHAKSPEARE.

Lord Osmond passa le jour suivant dans un état d'inquiétude fébrile il attendait la soirée avec impatience ; il lui semblait qu'elle devait décider du destin de toute sa vie. Elle arriva enfin.

Les muezzins n'avaient pas encore appelé, du haut des minarets, les fidèles à la prière du soir, quand Osmond monta sur la terrasse dans l'espoir d'y trouver Ayesha. Le soleil allait disparaître derrière les montagnes situées à l'Occident,

et la nature commençait à être dans cet état de
repos qu'aiment les amans heureux, parce qu'il
est en harmonie avec leurs sentimens. Mais les
amans qui allaient se voir étaient loin de jouir
d'un pareil état de tranquillité. Le doute, l'inquiétude et la crainte se partageaient leur esprit
agité par toutes les idées qui se présentent à l'i-
magination de ceux qui sont sur le point de
commencer une entreprise dangereuse et dont
le résultat est incertain.

Lorsqu'Osmond arriva sur la terrasse, ses
yeux cherchèrent en vain celle qu'il aimait; elle
n'était pas arrivée. Il attendit quelque temps, et
il commença à croire qu'elle n'aurait pas le courage de surmonter les préjugés de sa religion,
et de venir le trouver seule et sans la protection
de sa mère. L'ombre de la nuit commençait à
se répandre, quand il entendit un léger bruit
derrière le mur qui s'élevait devant l'entrée de
la terrasse de la maison de Suleiman aga. De
quelle joie il fut transporté en voyant Ayesha
s'avancer lentement vers lui, en ayant l'air d'hésiter à chaque pas; car son cœur la portait à
s'approcher de son amant, tandis que ses idées
musulmanes la retenaient et gênaient ses mouvemens comme les fers attachés aux pieds d'un
prisonnier. Il courut à sa rencontre avec un empressement dont elle fut presque effrayée; mais
la voix douce et l'air respectueux d'Osmond

calmèrent son agitation et lui rendirent toute la confiance qu'il lui avait inspirée. Goûtant le plaisir d'être près de lui, elle oublia les dangers qui pouvaient les menacer tous deux.

— Comment puis-je vous prouver ma reconnaissance de la confiance que vous me témoignez, dit Osmond en lui prenant la main.

— Allah seul peut savoir si je fais bien ou mal, répondit Ayesha en retirant sa main avec timidité. Mon cœur me dit que vous n'avez que de bonnes intentions et que j'aurais tort de me méfier de vous; mais, ayez pitié de moi! on m'a appris à croire que vous êtes du nombre de ceux que tout musulman doit fuir. Oh! que dois-je faire?

— Ayesha, le jour viendra, j'espère, où vous reconnaîtrez les erreurs dans lesquelles vous avez été élevée. J'en appelle à votre cœur; nous adorons le même Dieu; le même Dieu nous a créés et nous conserve la vie; l'œuvre de ses mains peut-il être une cause de souillure ainsi que les mahométans le pensent des chrétiens?

— Je ne puis me figurer que je contracte une souillure en vous parlant et en vous écoutant. Je me trouve plus heureuse, plus tranquille depuis que vos discours ont ébranlé ce que vous appelez mes préjugés; mais, quand vous serez parti, à qui aurai-je recours pour m'instruire? Faut-il donc que je vive sans religion?

— Mais s'il était possible que nous ne nous séparassions jamais? s'écria Osmond avec le ton de la plus vive sensibilité et en fixant sur elle des yeux expressifs.

— Comment cela pourrait-il être? s'écria Ayesha d'un air animé. Qui suis-je pour oser espérer tant de bonheur? Deviendrez-vous un vrai croyant? renoncerez-vous à tout pour moi; non, cela est impossible. Ne vous jouez pas de ma sensibilité.

— Ayesha, dit Osmond avec émotion, je ne veux pas vous tromper; je serais indigne de vous si je pouvais renoncer à ma foi. Vous l'avez dit avec vérité, non, cela est impossible. Mais si vous avez de la confiance en moi sur un point, ayez en sur tous les autres; si vous croyez que je vous aime, croyez aussi que je ne voudrais jamais vous porter à mal faire. Je vous aime, je vous adore; vous êtes aussi nécessaire à mon bonheur que l'air que je respire. Dites-moi que vous m'aimez aussi, que vous consentez à être à moi, et nos destins seront irrévocablement unis jusqu'à notre mort; nous aurons le même esprit, le même cœur, le même pays. Vous me suivrez où je vous conduirai. Fiez-vous à ma parole, à mon honneur; je vous jure devant Dieu de ne vivre que pour vous rendre heureuse.

Cet aveu passionné, prononcé avec l'accent de l'honneur et de la vertu, portait avec lui la

conviction. Ayesha ne douta pas des sentimens
de son amant; son sein se souleva, ses joues brû-
lantes se couvrirent de rougeur; mais elle ne put
prononcer un seul mot, son cœur était trop plein.
Elle sentait qu'Osmond était bien supérieur à
tous les êtres qu'elle avait jamais connus et qu'il
lui était plus cher que tout le reste du monde.

— Allah sait combien je vous aime, balbu-
tia-t-elle enfin en baissant les yeux. Épuisée
par l'effort qu'elle avait fait pour prononcer
ces mots, ses jambes refusèrent de la soutenir, et elle serait tombée si Osmond ne l'eût retenue dans ses bras. En ce moment de transport
silencieux, et tandis que chacun de nos deux
amans ne songeait qu'au plaisir d'être en possession du secret de l'autre, les yeux d'Osmond
tombèrent sur un collier passé autour du cou
d'Ayesha. Suivant un usage assez fréquent dans
l'Orient, il était composé de pièces d'or, mais il
se trouvait au centre une bague d'or en forme
de cachet, sur la pierre de laquelle étaient gravées
des armoiries et dont le travail prouvait qu'il
avait été fait en Angleterre. Examinant ce collier
de plus près, il y vit des guinées anglaises mê-
lées avec des sequins et des ducats qui sont la
monnaie courante dans toute la Turquie. Cette
vue donna sur le champ un nouveau cours à
ses idées. Cédant à une émotion si vive, qu'elle
allait presque à la démence, il saisit le

collier, l'examina de nouveau avec un air d'étrange surprise et s'écria : — Ayesha ! au nom du Ciel ! qu'est-ce que ce collier ? Comment se fait-il que vous en soyez en possession ?

Ayesha, qui, un instant auparavant, avait été sur le point de verser des larmes de joie, fut saisie de surprise et de crainte, en voyant l'air égaré d'Osmond. Elle s'arracha de ses bras et lui répondit :

— Pourquoi me faites-vous cette question ? c'est ma mère qui m'a donné ce collier. Est-ce un péché de le porter ?

— Un péché, mon Ayesha ! non ; mais voyez cette bague, elle a été faite dans mon pays, elle a appartenu à quelqu'un de mes compatriotes. Comment s'est-elle trouvée entre les mains de votre mère ?

— Je n'en sais rien ; je l'ai portée à mon cou depuis mon enfance. On m'a dit que c'était un charme contre le mauvais œil : c'est tout ce que je puis vous dire. Pourquoi êtes-vous si surpris ?

— Comment ne le serais-je pas ? Il y a un mystère en cela. Êtes-vous réellement née en Turquie ? êtes-vous fille de Suleiman aga, de Zabetta ? cela ne peut être. Réfléchissez-y un instant. N'avez-vous rien entendu dire de plus relativement à cette bague, à ces pièces d'or qui sont de mon pays ? Ayesha, vous appartenez à l'Europe; vous êtes née chrétienne; vous ne pouvez avoir reçu le jour en Turquie.

Ayesha ne sut que lui dire, et la confusion se mit dans ses idées; elle sentait son existence s'identifier à celle d'Osmond, et ceux qu'elle avait toujours regardés comme son père et sa mère ne l'étaient plus à ses yeux. Les mots que Zabetta lui avait adressés: Vous n'êtes pas née une fille d'Islam, mots qui étaient restés gravés dans son esprit depuis qu'elle les avait entendus, la frappèrent plus fortement que jamais et elle était sur le point d'informer son amant de cette circonstance, quand elle se rappela l'injonction solennelle qui lui avait été faite de garder ce secret. Elle s'imposa donc silence sur ce point et répondit seulement : — J'ai entendu dire à ma mère qu'elle avait apporté ces bijoux d'Athènes, et je crois qu'elle a ajouté qu'ils avaient appartenu à des chrétiens.

Cette découverte mit en feu l'imagination d'Osmond qui resta convaincu qu'Ayesha ou Zabetta était d'origine anglaise. Mais comment obtenir de plus amples informations? Zabetta seule pouvait les donner, et elle avait toujours éludé toutes les questions directes et indirectes qu'Osmond et Stasso lui avaient faites à ce sujet. Il n'en était pas moins enchanté d'avoir fait cette découverte, et l'espoir de posséder Ayesha, qui, depuis quelque temps, avait si constamment occupé

ses pensées, lui paraissait alors sur le point de
se réaliser.

Nos deux amans avaient été tellement occupés
l'un de l'autre, qu'ils n'avaient pas entendu l'appel à la prière du soir qui se faisait en ce moment du haut de tous les minarets de la ville. Il
y avait à très-peu de distance de la maison de
Suleiman aga une mosquée dont le minaret dominait la terrasse où étaient en ce moment Osmond et Ayesha. Bientôt, de la galerie circu-
laire de ce minaret partit le chant bien connu :
La illaha illallah! et ils n'y firent encore aucune
attention. Quand l'iman qui, la main derrière
l'oreille, chantait ainsi de toute la force de ses
poumons, arriva, en faisant le tour de la galerie,
devant la maison de Suleiman aga, il se tut tout
à coup, et le verset *Allahu Akbar* resta in-
achevé sur ses lèvres. Il avait aperçu les deux
amans ; et, jugeant, d'après leurs gestes, du sujet
de leur entretien, il se sentit dévoré de tout le
fanatisme mahométan ; il les regarda quelque
temps avec attention, passa la main sur sa barbe,
dit tout bas : Il n'y a d'autre Dieu que Dieu! et
se remit à chanter avec plus de véhémence que
jamais. Les deux amans l'entendirent enfin ; ils
levèrent les yeux, virent l'iman et le danger
de leur situation se présenta sur le champ à
leur imagination : — Allah! Allah! s'écria Ayesha
avec timidité ; il faut que je me retire : on

nous a vus; et, tirant son voile, elle se hâta de s'en couvrir entièrement. Osmond, moins effrayé, essaya de la retenir, mais elle était trop épouvantée. Allah te protége! s'écria-t-elle; et elle rentra à la hâte dans la maison de son père. Après son départ, Osmond resta encore un instant sur la terrasse, cherchant à calculer les suites que pourrait avoir cet incident, et enfin il descendit à pas lents dans son appartement.

L'iman de cette mosquée était précisément celui qu'Osmond avait trouvé chez le pacha. Ce véritable fils de la foi musulmane avait sur le champ reconnu Osmond pour le *giaour* qu'il avait vu chez le pacha. — Malédiction à ce chien de chrétien! s'écria-t-il en crachant par mépris; voyez quelle souillure ces animaux immondes répandent dans la ville! et tout en faisant des exclamations semblables de rage et de haine contre les chrétiens en général et contre Osmond en particulier, il se rendit chez Suleiman aga.

Il le trouva devant une fenêtre, fumant tranquillement sa pipe, venant de finir ses prières et ses ablutions du soir, et dans la situation d'esprit la plus calme. L'iman se donna à peine le temps de lui dire : — La paix soit avec vous! et il s'écria sur le champ : Suleiman aga! vous voilà assis bien tranquille, *Mas hallah!* comme s'il n'y avait dans le monde que vous et votre pipe! Vous ne savez pas ce qui se passe, Suleiman!

— Qu'y puis-je faire? dit le Turc avec sang-froid.

— *Mas hallah!* Vous n'êtes pas un fou; votre barbe a blanchi, vous êtes un homme, un bon musulman, et vous ne savez pas les nouvelles.

— Cela est possible, répondit Suleiman d'un ton flegmatique.

— *La illala illallah!* Vous êtes... vous êtes.... Vous dirai-je ce que mes deux yeux viennent de voir?

— Dites.

— Par votre tête! par le bienheureux Omar! par le prophète! j'ai vu sur votre terrasse une femme de votre maison s'entretenant avec le Franc, le chien d'infidèle qui demeure chez Bogos.

— Que dites-vous? s'écria Suleiman ôtant sa pipe de sa bouche et commençant à s'animer; mentez-vous ou dites-vous la vérité?

— Par votre barbe, je vous dis la vérité.

— Quelle était cette femme?

— Comment le saurais-je? Qui peut distinguer une femme d'une autre sous le voile? Ce que je sais positivement, c'est que c'était ce Franc, ce *giaour*, qui était avec elle.

— Et vous les avez vus ensemble?

— Ensemble; et il était clair qu'ils se parlaient d'amour. Pourquoi vous cacherais-je la vérité ?

— Quand et comment les avez-vous vus ? demanda Suleiman dont l'agitation augmentait à chaque instant.

— Tandis que je chantais *l'Azan* à l'heure ordinaire, du haut du minaret qui domine votre maison. J'ai vu sur votre terrasse un homme et une femme. Que toutes les malédictions du Ciel tombent sur les infidèles ! L'homme était le *giaour* que nous avons vu chez le pacha; la femme... Allah sait qui elle est. Je vous ai tout dit; que puis-je faire de plus ?

Pendant qu'il parlait ainsi, la rage s'emparait peu à peu du cœur de Suleiman; ses yeux, naturellement doux, lançaient des éclairs de fureur et de vengeance; un tremblement involontaire agitait tous ses membres; sa main se porta plusieurs fois sur son poignard. Après un long silence, l'iman lui dit :

— Que ferons-nous, Suleiman aga ?

— Je couvrirai de boue la tête de son père et celle de sa mère ! dit Suleiman les dents serrées, sans répondre à l'iman. *Pezevenk ! kiupek ! Giaour !* le scélérat ! le chien ! l'infidèle !

— Avez-vous perdu l'esprit, Suleiman ? Répondez-moi ! Que ferons-nous ?

Sans lui adresser un seul mot, Suleiman se leva tout à coup du sopha sur lequel il était assis, mit de nouveau la main sur son poignard et sortit avec précipitation de l'appartement.

— Il a perdu l'esprit, répéta l'iman; et, partant à son tour, il alla chez le mufti pour lui apprendre cette nouvelle.

Suleiman était dans le corridor conduisant aux appartemens des femmes, quand il s'aperçut qu'il avait laissé ses babouches dans la chambre qu'il venait de quitter. Cette petite circonstance commença à calmer son emportement; un Turc ne perd jamais le sentiment de sa dignité. Voyant ses pieds sans babouches, il retourna les chercher. Pour les remettre, il fallut que sa main se séparât du poignard sur lequel elle était appuyée; l'idée de la violence du caractère de sa femme se présenta à son esprit et refroidit sa fureur; enfin il songea à Ayesha, et son souvenir mit en déroute l'armée de préjugés qui l'auraient peut-être porté à un crime.

Il se rendit alors à son harem avec moins de précipitation et avec plus d'incertitude dans ses desseins. Quand il eut tiré le rideau qui en couvrait la porte, il vit sa femme et Ayesha occupées d'une conversation qui semblait les intéresser. En le voyant entrer; elles se retirèrent dans une chambre voisine, espèce de salon que nous avons décrit; il les y suivit et s'écria d'un ton qu'il n'avait jamais pris en parlant à sa femme: — Levez-vous, femme, et parlez pour

vous défendre! Vous êtes une pécheresse ; et si
cela est prouvé, priez Dieu qu'il vous prenne en
pitié!

— Que dites-vous, Suleiman agà? répondit
Zabetta; avez-vous perdu le bon sens?. Quelle
boue avez-vous mangée? Moi une pécheresse!
Si cela est vrai, qu'êtes-vous donc vous-même?

— Il ne s'agit pas d'un jeu d'enfant, femme,
répliqua son mari courroucé. Si vous faites cas
de la vie, si vous tenez à cette chère enfant que
voilà, dites-moi quelle diablerie vous est entrée
dans la tête et pourquoi vous recherchez la compagnie des infidèles?

C'était un coup imprévu, et Zabetta en fut
frappée au point de pàlir et de ne pouvoir attaquer son mari avec sa prouesse ordinaire; cependant elle ne s'abandonna pas elle-même. — Je
ne vous comprends pas, lui dit-elle; vous n'êtes
pas un homme si vous venez ici, un mensonge
à la bouche, pour injurier une femme.

— Un mensonge, dites-vous? reprit Suleiman; on ne fait pas un rêve quand on voit de
ses propres yeux une musulmane et un infidèle
ensemble. Or, c'est ce qu'on a vu ce soir même.
Vous êtes cette femme, et l'homme est le *giaour*
qui loge dans la maison voisine. Appelez-vous
cela un mensonge?

— *Bè hèy*, qu'est-ce que cela? s'écria Zabetta
reprenant toute son assurance. Si j'appelle cela

un mensonge? oui sans doute; et celui qui vous l'a dit est un aussi grand sot que vous, ce qui n'est pas peu dire. Pourquoi apportez-vous ici votre barbe pour qu'on rie à ses dépens? Allez retrouver l'âne qui vous a envoyé ici et dites-lui que je lui envoie en retour un plus grand âne que lui.

— Femme! dit Suleiman, l'insolence de Zabetta enflammant sa colère, vos paroles ne sont rien contre des preuves. L'iman de la mosquée voisine vous a vue ce soir même pendant *l'Azan*, sur la terrasse de cette maison, avec l'infidèle franc. Dites-moi tout ce qui s'est passé entre vous, ou, par Allah! les suites vous en seront fatales. Suleiman ne se met pas aisément en courroux; mais quand il s'y met une fois, il est temps de vous recommander à Dieu. Parlez!

Zabetta vit que le sujet devenait trop grave pour être traité avec légèreté et elle appela son esclave noire. — Nourzadeh, lui dit-elle, dites où j'ai été et ce que j'ai fait ce soir, avant et pendant *l'Azan*. Nourzadeh, qui avait encore les yeux rouges et qui ne se doutait pas de l'importance de la question qui lui était adressée, répondit sur le champ.

— Vous n'êtes pas sortie de cet appartement. D'abord vous avez dormi; ensuite vous m'avez battue, et puis vous avez fait vos prières.

— Vous l'entendez! dit Zabetta à son mari avec un air de triomphe. Dites-moi, après cela, qu'on m'a vue avec un infidèle! *Haif! haif! fi! fi!*

Suleiman s'était si bien persuadé que c'était sa femme que l'iman avait vue avec Osmond, que rien de ce qu'elle lui dit ne put effacer de son esprit cette impression; et il n'en persista pas moins à accuser Zabetta. Ayesha, témoin de cette scène, était immobile de frayeur; elle fut plus d'une fois sur le point de déclarer à son père qu'elle était la coupable et qu'elle seule était à blâmer; mais elle fut retenue par la crainte de faire tomber sur son amant la vengeance de Suleiman. La lutte entre l'amour et le devoir dura long-temps dans son cœur; mais enfin, voyant que la colère de Suleiman, bien loin de s'appaiser, semblait devenir plus furieuse, elle s'arma de tout son courage et résolut, si la tempête ne se calmait pas, de s'offrir en sacrifice et de déclarer la vérité.

— C'en est trop, Zabetta! s'écria enfin Suleiman avec un redoublement de rage occasioné par les discours et les invectives de sa femme; après tout, je suis mahométan, la loi me protége. Si vous m'avez trahi, si vous avez pris pour amant un *giaour*, vous devez en être punie. A ces mots, il se leva et s'avança vers elle, une main sur son poignard et l'autre levée, comme pour la saisir par les cheveux. La malheureuse femme poussa un grand cri et Ayesha, se précipitant entre eux, s'écria d'une voix suppliante.

— *Aman! Aman!* Pitié! pitié! S'il vous faut du sang, faites couler le mien. Je suis la coupable, elle est innocente! C'est moi qui étais avec le Franc.

En entendant ces mots, en voyant la désolation de sa fille, toute la fureur du Turc disparut; ses bras tombèrent à ses côtés. A peine eut-il la force de se soutenir pour aller s'asseoir sur l'ottomane; un enfant l'aurait renversé.

— Ayesha, lui dit-il, qu'avez-vous fait?

— Ce qu'elle a fait? s'écria Zabetta dont ce triomphe ranima toute la violence; pouvez-vous parler ainsi à cette pauvre enfant? Peut-elle connaître vos lois comme un mullah? — Vous avez été frappé par le mauvais œil de ce misérable iman qui est venu ici pour notre malheur à tous, et qui épie votre maison comme un tigre une bergerie. Malédiction sur lui! quel mal a fait cette chère enfant?

—Son âge n'admet pas encore le discernement; elle n'en sait pas davantage, dit Suleiman à voix basse, charmé de trouver une excuse pour sa bien-aimée Ayesha; c'est la vérité, j'ai eu tort.

— Sans doute, vous avez eu tort, s'écria Zabetta avec l'accent de la victoire; et quand avez-vous jamais raison ? *Mas hallah!* Vous voyez un sot iman, et sur le champ vous accourez ici; vous me dites que je mens ; vous voulez me tuer et puis vous dites : J'ai eu tort! *Bè hèy!* Qu'est-ce que cela ? Et l'on vous appelle le sage Suleiman, et vous êtes un *ayan* de la ville de Kars, un *ayan* chargé de décider sur ce qui est juste ou injuste. Tenez, ajouta-t-elle en lui montrant ses cinq doigts étalés, voilà le cas que je fais de votre sagesse. Et votre fille, une fille qui est à peine hors du maillot, voilà qu'on en fait tout-à-coup une femme! Et parce qu'un iman, comme un hibou, alongeant la tête hors de son trou, vous dit qu'il l'a vue parler à un Franc, il ne vous faut rien moins que tuer votre femme!

— *Aman! Aman!* Pitié! pitié! s'écria Suleiman à son tour. Que puis-je dire de plus? Laissez-moi en paix!

— En paix! dit Zabetta; vous ne connaîtrez plus de paix tant que je vivrai; jamais vous n'entendrez la fin de cette histoire. Il ne faut pas croire que vous puissiez me tuer pour rien; je vous tuerai aussi à la manière d'une femme. Je suis femme, moi, personne ne le niera; et, si je ne puis manier un poignard, je sais remuer la langue et c'est ce que je ferai comme vous l'apprendrez à vos dépens. Je parlerai depuis ce moment jusqu'au jour du jugement, et me fera taire qui pourra; ce ne sera pas une vache comme vous.

— *Aman! Aman!* s'écria de nouveau Suleiman; mais, voyant sa femme ouvrir encore la bouche, il se leva à la hâte, se précipita vers la porte et regagna la partie de la maison où était son appartement.

CHAPITRE IX.

L'AURORE commençait à peine à paraître le lendemain de la scène rapportée dans le chapitre qui précède, quand tous ceux qui demeuraient chez le teinturier Bogos furent éveillés par le bruit de grands coups de bâton frappés à sa porte; bruit qui retentit non seulement dans toute sa maison, mais dans toute la rue étroite où elle était située et qui était encore déserte.

L'Arménien, qui était encore couché ainsi que sa femme et ses enfans s'éveilla en sursaut et fut

10*

saisi d'alarme ; car il savait, par expérience,
qu'un pareil tapage était de mauvais augure et
annonçait soit quelque exaction du gouvernement, soit peut-être même quelque acte de violence personnelle. Il se leva à la hâte ; mais avant
de se hasarder à ouvrir la porte, il mit la tête à
une petite fenêtre grillée et regarda dans la rue.
A sa grande consternation, il aperçut deux officiers du pacha, tenant en main la grande canne
qui était le symbole de leur autorité, qui étaient
accompagnés d'un petit détachement d'hommes
armés.

— Qui est là ? que désirez-vous de moi ? demanda-t-il d'une voix respectueuse et presque
tremblante.

— *Atch, bakalum !* Ouvrez, nous verrons,
répondit un des officiers d'un ton impérieux.

— Que signifie tout ce bruit ? s'écria la femme
de l'Arménien se montrant à une autre croisée.

— *Atch, pezevenk,* ouvrez, misérable ! répondit
l'officier en frappant de nouveau à la porte.

Mustafa, qui couchait dans une chambre au-
dessus sortit aussi de son lit, mit la tête à une
troisième fenêtre, et, murmurant des imprécations contre ceux qui troublaient son repos, s'é-
cria : — *Ay, gardash !* tout doux, mon frère ! Qué
vous faut-il ici ? Le soleil n'est pas encore levé et
vous avez déjà perdu l'esprit ! Que veut dire cela ?

L'officier, voyant que c'était un musulman

qui lui parlait, prit un ton plus doux pour lui répondre. — *Atch, Adam,* ouvrez, brave homme, lui dit-il; nous sommes envoyés par notre maître, le pacha. Et les coups continuèrent à pleuvoir sur la porte.

Stasso, qui couchait dans un cabinet près de la chambre de son maître, entendit aussi tout le bruit, et, comme il n'y avait pas de fenêtre dans son petit appartement, il monta sur la terrasse et vit ce qui se passait dans la rue. — *Ti diavolo!* que diable! s'écria-t-il; et, craignant que quelque danger ne menaçât son maître, il courut l'avertir que des officiers du pacha étaient à la porte.

Lord Osmond devina aisément la véritable cause de ce tumulte et il apprit à Stasso ce qui était arrivé la veille sur la terrasse. S'habillant à la hâte, il prit et fit prendre à Stasso, avec beaucoup de présence d'esprit et de sang-froid, tout ce qui pouvait lui être le plus nécessaire, notamment deux pistolets de poche, et il cacha le reste de ses armes et quelques autres objets, dans un coin obscur du cabinet occupé par le Grec.

Pendant ce temps, Bogos, tremblant de tous ses membres avait ouvert la porte. Le premier compliment qu'il reçut fut un coup de bâton, pour lui apprendre à faire attendre ainsi des officiers du pacha; l'un d'eux lui demanda ensuite où était l'infidèle qui logeait chez lui.

— Son appartement est au dessus de celui-ci, effendi, répondit le pauvre Arménien qui souhaitait tout le bien possible à son hôte, mais qui était très-charmé que cette visite ne fût pas pour lui. Tout ce qui est ici est à votre service, ajouta-t-il ; ma maison est honorée de votre présence. Ne prendrez-vous pas une tasse de café ?

C'est une tentation à laquelle aucun Turc ne résiste jamais. Les deux chokhadars se placèrent sur des coussins en attendant qu'on préparât ce breuvage, et la garde resta à la porte de sa maison. Pendant ce temps, la femme de Bogos et ses domestiques cachèrent tous les objets sur lesquels on aurait pu mettre la main, comme cela arrive souvent en pareille occasion.

Mustafa, qui avait un aussi bon nez qu'aucun musulman pour sentir l'odeur du café qu'on brûlait, se hâta de descendre pour en avoir sa part. Après le *salam aleikum* d'usage, il s'accroupit avec un air de dignité près des deux officiers, alluma sa pipe et attendit le café avec patience. Il arriva enfin ; Bogos le présenta lui-même à ses hôtes et il leur offrit ensuite des pipes.

Après un long intervalle de silence, Mustafa crut enfin devoir leur demander quel était l'objet de leur visite et si elle concernait son maître.

— Je suis *chokhadar* en chef, répondit l'un

d'eux, et je suis venu pour inviter le Franc à se rendre en présence du pacha.

— *Pek agi*, fort bien ; dit Mustafa; nous nous y rendrons ; mais le beyzadeh dort encore et je ne vois pas qu'il soit besoin de l'éveiller si tôt.

Il parlait ainsi dans la persuasion que le pacha avait envoyé ces deux officiers pour faire honneur à Osmond; car il ne se doutait pas que son maître eût rien fait qui pût lui attirer un autre traitement.

Les officiers, qui avaient probablement en vue de se faire donner quelque *backshish*, c'est-à-dire un présent, ne s'opposèrent pas au délai que demandait Mustafa; mais, quand ils eurent fini leur pipe et que le jour parut, ils devinrent plus pressans, dirent qu'il fallait partir, et le tatar se vit obligé d'aller informer son maître que le pacha l'invitait à venir le voir sans perdre de temps. Cependant, avant de partir, il crut à propos de s'informer du motif qu'avait le pacha pour désirer de voir lord Osmond, car l'heure de cette invitation, la manière bruyante dont les messagers étaient arrivés et les hommes armés qui étaient en dehors, le portaient à douter qu'elle fût tout à fait amicale.

— Dites-moi, dit-il à demi voix au *chokhadar* en chef avec un air mystérieux et en clignant de l'œil, s'agit-il de quelque chose de sérieux ?

— Que sais-je? répondit l'officier; et, levant

les deux index en face l'un de l'autre, il ajouta :
On a vu le Franc parler à une musulmane.

— Est-il possible? s'écria Mustafa en secouant
la tête; il a eu tort.

— Très-grand tort, reprit l'officier, d'autant
plus que notre mufti est un vrai diable, et il
punit très-sévèrement un pareil scandale; mais
si le Franc veut mettre cette affaire entre mes
mains, je puis lui être utile.

Mustafa, réellement effrayé de ce qu'il venait
d'apprendre, comprit aisément où tendait ce
discours, et il ne se fit pas presser pour glisser
une pièce d'or dans la main du chokhadar dans
la vue de s'assurer ses bons offices. Il se hâta
ensuite de monter dans la chambre d'Osmond,
plein de courroux de l'imprudence qu'il avait
commise.

— Allah ! Allah ! s'écria-t-il en entrant,
qu'avez-vous fait? Vous n'êtes pas ici dans
votre pays; vous êtes parmi des musulmans.

— Qu'est-il donc arrivé, Mustafa? Il est de
bien bonne heure pour être interrompu de cette
manière.

— Qu'importe qu'il soit de bonne heure
ou qu'il soit tard? Il y a ici deux *chokhadars*
avec leurs longues cannes et une troupe de
drôles armés de sabres et de pistolets, qui
viennent vous chercher pour vous conduire
devant le pacha, parce qu'on vous a vu parler

à une musulmane. Pourquoi avez-vous agi
ainsi ? Croyez-vous être en Angleterre ? Si vous
regardez une femme par la crevasse d'un mur,
on vous arrache les yeux. Vous avez eu grand
tort.

— Que puis-je y faire, Mustafa ? Les femmes
sont faites pour qu'on leur parle. Je suis fâché
d'avoir déplu aux Turcs, mais je n'avais pas
dessein de les offenser.

— De les offenser ! Offensés ou non, ces drôles tuent un Franc sans aucun scrupule et disent
ensuite : Gloire au prophète ! il faut faire quelque chose, sans quoi il nous pleuvra des cendres sur la tête.

— Je suis prêt à faire tout ce qui sera juste.
Que faut-il que je fasse ?

— Dire des mensonges. Avec des mensonges
et de l'argent nous pouvons nous tirer d'affaire,
sans quoi je ne vois rien à mettre entre la plante
de nos pieds et le bâton. Le bâton ? et qui empêche le sabre de nous frapper sur le cou ?

— Je ne dirai de mensonges pour plaire à
personne, pas même au sultan, encore moins à
ce pacha. Je suis Anglais ; qu'ils osent porter la
main sur un Anglais !

— Anglais ! savent-ils ce que c'est qu'un Anglais ? Ils ne savent pas distinguer un Franc d'un
autre ; ce sont tous *giaours* à leurs yeux. Ils
connaissent les Kourdes, les Arméniens, les

Moscovites; mais tout ce qu'ils savent des Anglais c'est qu'ils fabriquent du drap, des canifs et des montres; il faut que vous mentiez, non pas un peu, mais beaucoup. Dites que vous n'avez parlé à aucune femme, donnez de l'argent au pacha; montons à cheval et partons au galop. Voilà ce qu'il y a de mieux à faire.

— Nous verrons ce que nous devons faire quand nous aurons parlé au pacha, dit Osmond avec sang-froid. Partons, je suis prêt.

Mustafa regarda Stasso et secoua douloureusement la tête, comme s'il eût voulu lui dire : — Nous autres, qui connaissons les Turcs, nous savons à quelles calamités cet événement peut nous exposer, mais c'est un ignorant et il ne voit pas le danger qu'il court.

Osmond, accompagné de Mustafa et de Stasso, alla trouver les chokhadars et se rendit avec eux chez le pacha. Ces deux officiers le traitèrent avec politesse, en considération du présent qu'ils avaient déjà reçu et dans l'espoir d'en recevoir encore quelque autre ; mais les choses changèrent de face quand il entra dans la grande cour de la maison du pacha, et il vit sur toutes les physionomies que tous ceux qui s'y trouvaient étaient disposés à être insolens. Il remarqua entre autres le lutteur nègre, dont la tête s'élevait au dessus de toutes les autres, le regarder d'un air de mépris et d'insolence ; il vit qu'il était au milieu de barbares, de fanatiques, de pillards et d'assassins; qu'il n'avait à espérer d'autre protection que celle qu'il pourrait devoir à lui même et il sentit qu'à moins que les circonstances ne le favorisassent, il ne lui serait pas facile de se tirer de la situation dangereuse dans laquelle il se trouvait.

Lorsqu'Osmond arriva, le pacha était assis près de la fenêtre, dans un kiosque donnant d'un côté sur un jardin et de l'autre sur la cour; près de lui étaient le mufti, Suleiman aga, et l'iman dont nous avons déjà parlé. A peine Osmond était-il au milieu de la cour, qu'il vit le pacha faire un signe à quelqu'un dans la foule. Au même instant, le nègre, son *Pehlivan Bashi*, s'avança vers Osmond d'un air menaçant qui semblait dire : Je verrai de quelle étoffe vous êtes fait. La foule s'écarta pour lui faire place, et Osmond, voyant qu'il méditait quelque acte de violence contre lui, se mit sur la défensive. Il avait appris à boxer, et il savait que, tant qu'on ne l'attaquerait qu'avec les armes données à l'homme par la nature, il n'y avait aucun Turc auquel il ne fût en état de résister, quelles que fussent sa taille et sa force. Le nègre continuant à s'approcher, Osmond lui cria avec hauteur : — Que me voulez-vous, drôle? retirez-vous! Le pacha fit un signe d'encouragement à son lutteur et celui-ci se précipita sur Osmond, la tête baissée, dans l'intention de le prendre par les jambes, et de le faire sauter par dessus ses épaules. Mais Osmond était sur ses gardes et il lui asséna sur la tête un coup de poing si bien appliqué, que le nègre tomba comme un bœuf sous la massue du boucher. Tous les spectateurs furent saisis d'étonnement; on criait de toutes parts : — Allah! Allah! comme si l'on eût vu un prodige, et l'on regardait presque l'Anglais comme un être surnaturel; car personne ne pouvait concevoir qu'un seul coup, donné par une main si blanche et si délicate, eût pu terrasser une masse semblable au nègre gigantesque. Le pacha, amateur de ce genre de spectacle, était transporté de plaisir; et, bien loin de voir Osmond de mauvais œil à cause de la victoire qu'il avait remportée sur son premier lutteur, il en fit plus de cas qu'auparavant, et s'écria plusieurs fois : — *Aferin! Aferin!* bravo! bravo!

Le nègre se releva sans montrer aucune envie de recommencer le combat, et il se retira en regardant son adversaire avec un air de surprise et de crainte.

Osmond s'avança alors sans rencontrer aucun obstacle, chacun le regardant comme un être d'une espèce particulière et que personne ne pouvait impunément attaquer. Il entra dans le kiosque. Le pacha, à qui cet incident avait presque fait oublier le motif pour lequel il l'avait

fait demander, le regarda d'un œil de complai-
sance, l'examina en connaisseur et se demanda
à lui-même s'il pouvait trouver quelque moyen
de faire entrer à son service un homme qui s'é-
tait montré supérieur à tous les *pehlivans* qu'il
avait jamais vus; il le fit asseoir près de lui, lui
fit présenter les rafraîchissemens d'usage et lui
adressa force complimens sur la victoire qu'il
venait de remporter. Le mufti ne le vit pas des
mêmes yeux. C'était un homme ayant une physionomie austère, l'air rébarbatif, l'œil vif et
fort peu de barbe; il ne connaissait la pitié que
lorsqu'il cédait à une tentation, et il ne connaissait d'autre tentation que celle à laquelle l'expo-
saient l'or et l'argent. Au lieu d'examiner les
membres d'Osmond, comme le pacha, il calcu-
lait en lui-même quelles pouvaient être les di-
mensions de sa bourse; il le regardait comme
le tigre regarde sa proie avant de s'élancer sur
elle, et il éprouvait toute la satisfaction d'un
musulman fanatique en voyant un chrétien pris
dans ses filets. La physionomie naturellement
impassible de Suleiman aga prit une expression
de colère, et l'iman se crut devenu un person-
important depuis qu'il avait dénoncé un
nage coupable à la justice.

Mustafa et Stasso étaient restés debout à l'extrémité de la salle; le mufti, s'étant assuré que
le premier était Osmanli et au service d'Osmond,

lui demanda si son maître entendait la langue turque. Mustafa lui ayant répondu affirmativement, il se retourna vers le jeune Anglais et, sans lui adresser aucun de ces complimens banaux qui sont dans la bouche de tous les Orientaux, il lui demanda brusquement : — Comment vous nommez-vous ?

— Osmond, à votre service.

—Osman! comment cela se peut-il ? Vous êtes Franc et vous vous nommez Osman ? cela est impossible.

—Je me nomme Osmond. Que puis-je dire de plus ?

— Allah ! si vous vous nommez Osman, vous êtes un vrai croyant, et si ce n'est pas votre nom, vous êtes un *giaour*.

—Je ne suis ni mahométan ni *giaour*, mais mon nom est Osmond.

Se tournant vers le pacha et les deux autres Turcs, le mufti leur dit d'un ton calme : — Il ment. Et, continuant à s'adresser à Osmond, il ajouta : Si vous êtes Franc, pourquoi portez-vous notre costume, ce turban sur votre tête, ces babouches jaunes à vos pieds ? Croyez-vous pouvoir nous tromper ? *Mas hallah !* nous avons de l'esprit dans le cerveau et des yeux dans la tête.

— Je ne le nie pas, répondit Osmond : mais quoique je porte un turban et des babouches jaunes, je n'en suis pas moins un Franc. Si vous alliez dans mon pays, vous pourriez porter un chapeau et des bottes noires sans que personne y trouvât à redire.

Le pacha ne put s'empêcher de rire sous cape de la réponse d'Osmond. Suleiman aga, qui n'avait pas oublié que ce Franc l'avait appelé *giaour*, prit un air courroucé; l'iman parut jouir d'un malin plaisir et le mufti devint furieux.

— Infidèle! dit le dernier, nous ne vous avons pas fait venir devant nous pour être insultés à notre barbe. Nous sommes mahométans: vous êtes dans un pays mahométan; quiconque vient ici est soumis à nos lois. Vous avez vu une de nos femmes et vous lui avez parlé. Niez cela, si vous le pouvez.

— J'ai vu une de vos femmes et je lui ai parlé, répondit Osmond avec hardiesse; si vous étiez dans mon pays, vous pourriez voir toutes nos femmes, leur parler et personne ne le trouverait mauvais. Que puis-je dire de plus?

— Allah! Allah! s'écria le mufti; qu'est-il besoin d'en dire davantage?

— Que faut-il de plus? dit l'iman; cet infidèle mérite la mort. Est-il venu dans notre ville pour causer la souillure de nos mères et de nos filles? Qu'en dites-vous, Suleiman aga?

— Cet homme est une calamité, répondit l'*Ayan* en se frottant la barbe. Par Mahomet, nous ne sommes pas hommes si nous souffrons que notre religion, nous tous et nos harems soient outragés par un *giaour*; il est impossible qu'une jeune fille si timide et si attachée à sa foi eût manqué à ce qu'elle lui prescrivait, si elle n'avait été forcée par l'effet de quelque charme puissant. Mufti, nous attendons de vous justice. Pacha, nous implorons votre protection.

Ces paroles, qu'il prononça avec un feu qui ne lui était pas ordinaire, firent une forte impression sur toute l'assemblée. Le Pacha sentait qu'il ne pouvait guère se dispenser de souscrire aux décisions du mufti qui, dans le fait, jouissait du principal pouvoir dans la ville, et qu'il lui était difficile de s'opposer ouvertement aux désirs de Suleiman Aga à qui son caractère et sa fortune avaient obtenu une influence considérable. Il était donc obligé de donner sa sanction à toute sentence qui serait prononcée contre l'accusé, et il allait ordonner qu'on le conduisît en prison, quand Osmond, s'apercevant que la chose allait devenir très-sérieuse, crut qu'il était temps de faire tous ses efforts pour se défendre. S'adressant donc au pacha, il lui parla ainsi :

— Vous avez le pouvoir d'agir à mon égard comme bon vous semblera; vous m'avez déjà insulté en me faisant amener ici à main armée; vous pouvez me faire mettre en prison, vous

porter contre moi à quelque acte de violence;
rien ne vous empêche même d'ordonner ma
mort; mais je vous avertis que vous ne le ferez
pas sans impunité. Je suis sujet d'un roi qui a
le pouvoir de demander satisfaction non-seule-
ment à votre sultan, mais aux états les plus
puissans du monde, et je ne mourrai pas sans
être vengé. Le coup que vous me porterez re-
tombera sur votre tête; et, si vous touchez à un
cheveu de la mienne, ce sera à votre péril. Je
suis Anglais; et quoique vous puissiez ne pas
connaître tout le pouvoir de l'Angleterre; quoique vous puissiez, barbares comme vous l'êtes,
violer toutes les lois de l'hospitalité que vous faites
profession d'accorder aux étrangers, votre ignorance ne sera pas pour vous une protection. Le
bras de la justice vous atteindra et vous serez
tous punis tôt ou tard de tout acte de cruauté
que vous pourrez avoir commis contre moi.
Prenant alors le firman qu'il avait reçu du sultan avant de partir de Constantinople et qui
enjoignait à tous pachas, gouverneurs et hommes
en place, de lui accorder secours et protection,
il le présenta au pacha en ajoutant : Voici l'ordre de votre maître; osez y désobéir!

Ce discours, prononcé en excellent turc et
avec un ton d'indépendance qui était inconnu
des deux despotes à qui il s'adressait, produisit
presqu'autant d'effet que le coup qu'avait reçu

le nègre. Le pacha ouvrit les yeux de surprise; l'iman sembla confus et inquiet, le mufti cher-cha à prendre un air de dédain et Suleiman aga parut pensif et embarrassé.

Après quelques minutes de silence, le pacha remit le firman au mufti qui le lut avec beau-coup d'attention, mais avec l'air d'un homme qui cherche à y découvrir quelque faute. Tout à coup, un sourire malin parut sur ses lèvres et il s'écria : — Ce firman est *bosh*, est nul; il ne nous est pas adressé, il n'y est fait aucune mention de la ville de Kars. Vous avez fait votre compte sans chiffrer.

— Puissiez-vous prospérer! dit Mustafa qui écoutait avec grand soin tout ce qui se passait, mais je fais serment que ce firman a été lu et respecté dans toute l'Asie. Après tout, Kars est bien peu de chose auprès de la totalité de l'em-pire de Roum [1].

— Quel chien êtes-vous pour oser parler? s'écria le mufti. Imposez silence à votre langue, de peur que les fautes de votre bouche ne soient punies sur la plante de vos pieds. Je soutiens que ce firman n'est rien pour nous. S'adressant en-suite au pacha, il ajouta : Cet homme n'est

---

[1] Nom que donnent les Turcs à l'empire ottoman. (*Note du Trad.*)

pas Franc, il peut être Arménien, il peut être Arabe, mais il n'est pas Franc; il parle turc aussi bien que nous, il porte le costume turc, il se nomme Osman; que voulez-vous de plus?

— Qui est-il donc? demanda le pacha; il faut qu'il soit quelque chose.

— Qui sait ce qu'il est? répondit le mufti; *bakalum*, nous verrons; c'est peut-être un espion russe. Mais nous ne souffrirons pas qu'on nous arrache le turban de la tête, qu'on montre nos femmes au doigt avec mépris, et que les saintes paroles du Coran soient avilies et insultées faute de protection.

— Pouvez-vous faire la profession de notre foi? demanda l'iman à Osmond.

— Je puis du moins faire une profession de foi, s'écria Osmond avec tout le feu de l'indignation, c'est que je crois que vous êtes tous des mécréans qui n'avez d'autre but que d'opprimer et de piller un étranger sans défense.

Ce discours fut une mèche allumée appliquée à une traînée de poudre. On entendit à l'instant partir de toutes les bouches une volée d'exclamations : — *Kiupeck* ! chien ! *giaour* ! infidèle ! et autres épithètes semblables. On vomit des imprécations contre sa mère et sa sœur, contre son père et son grand-père, suivant l'usage des Turcs. Mustafa chercha à calmer cet orage; mais sa voix se perdait dans le tumulte. Stasso, les poings

serrés, paraissait préparé à tout et attendait ce
qui allait arriver. Osmond, comme un lion entouré de toutes parts, semblait défier les efforts
réunis de ses ennemis.

Quand la rage des Turcs se fut un peu calmée
et qu'ils commencèrent à songer au moyen de
s'assurer de la personne d'Osmond, ils perdirent
quelque chose de leur assurance. Sa conduite
et ses discours avaient fait une forte impression
sur eux; ils craignaient sa force et son courage,
et ils n'étaient pas tout à fait sans appréhension
sur les suites de cette affaire. Il y eut donc quelques minutes de silence. Enfin le pacha prit un
ton plus doux et lui adressa quelques propos
flatteurs pour qu'il ne soupçonnât pas ce qui
lui était réservé; mais, en même temps, il fit un
signe à un de ses *chokhadars* qui sortit de l'appartement et qui rentra quelques instans après
à la tête d'une troupe d'hommes armés auxquels
le pacha ordonna d'arrêter le *giaour*. Osmond
se leva sur le champ et lui dit avec un air de
dignité : — Songez que c'est un Anglais que
vous faites arrêter ainsi, et que votre tête en répondra. Il suivit alors l'officier et sortit du kiosque avec Mustafa et Stasso.

CHAPITRE X.

Une fille timide et qui rougit pour rien,
Oubliant son pays, son honneur et son âge,
Se prendre d'un amour qui va jusqu'à la rage
Pour un homme qu'à peine elle osait regarder!

SHAKSPEARE.

On conduisit Osmond dans une petite chambre du palais du pacha faisant partie de l'appartement du kiaya du sous-gouverneur ; il fut enfermé, et l'on plaça une garde à la porte. La première résolution qu'il prit fut de dépêcher Mustafa en toute hâte à Constantinople pour faire connaître sa situation à l'ambassadeur d'Angleterre et obtenir promptement sa liberté par son entremise. Il écrivait donc à son ami Wortley une longue lettre contenant le détail de toutes ses aventures; il ne lui cacha par la connaissance qu'il avait faite d'Ayesha, et il lui fit la description de ses charmes avec tout l'enthousiasme d'un amant. Il ne lui dit pourtant pas quels avaient été ses projets pour la tirer de l'obscurité d'un harem; car il craignait fort que le plan de bonheur qu'il s'était tracé ne s'évanouît comme un songe. Quand il eut fini sa lettre, il appela Mustafa et lui ordonna de partir sur le champ; mais, au lieu de montrer de l'empressement à lui obéir, le tatar s'assit sur le tapis et secoua la tête.

— Vous m'ordonnez de partir, dit-il en soupirant; mais où sont les chevaux de poste? où est le surugi? Il me sera plus facile d'entrer dans le paradis que d'arriver à Constantinople. Vous ne connaissez pas ces gens-ci; nous sommes prisonniers comme vous?

— Comment, prisonniers! vous n'avez violé aucune de leurs lois. Pourquoi seriez-vous punis quand je suis le seul qu'ils puissent blâmer?

— Dans ce pays, quand le maître a fait une faute, les serviteurs sont traités comme s'ils l'avaient commise eux-mêmes; quand le maître mange du bâton, les serviteurs en mangent aussi. Ah! pourquoi avez-vous parlé à cette femme!

— C'est un événement malheureux, dit Osmond d'un air pensif, mais il faut sortir d'embarras de notre mieux. Vous ne risquez rien de faire une tentative pour partir. Dites au pacha que je désire me procurer des preuves que je suis réellement ce que je lui ai déclaré. Alors il ne pourra me refuser ma liberté.

— Pour courir la chance d'avoir le cou tordu pour ses peines? répliqua Mustafa. Non, non; ni lui ni le mufti ne sont assez fous pour cela; ce sont des animaux sans doute, mais ce ne sont pas des ânes.

— Que faut-il donc faire?

— Leur donner de l'argent. Puisque vous ne voulez pas recourir au mensonge, il faut avoir recours à l'argent.

— Je ne leur donnerai rien; je n'achèterai pas d'un tyran un acte de justice; je n'encouragerai pas un bandit dans ses brigandages.

— Tout cela peut être fort bien dans votre pays; mais vous ne connaissez pas celui-ci. Ici un homme en vole un autre, le bat, l'assassine, ensuite il dit ses prières et remercie le prophète des faveurs qu'il lui a accordées.

Stasso était présent à cette conversation. Dès qu'il avait vu son maître épris des charmes d'Ayesha, un pressentiment secret l'avait porté à croire que quelque calamité en serait la suite, et il n'avait pu se défendre de l'idée que la jeune négresse Nourzadeh les avait frappés du mauvais œil le jour même de leur arrivée à Kars. Qui peut résister au *katirochio*, au mauvais œil?

se disait-il à lui-même. Cette conviction paraly-
sait son énergie, et tout ce qu'il put faire fut de
lâcher une volée d'anathèmes, toujours prêts à
partir du fond du gosier d'un Grec, et qu'il diri-
gea particulièrement contre Zabetta qui avait
été une des principales causes de la situation fâ-
cheuse dans laquelle ils se trouvaient. Diavo-
lissa! la diablesse! s'écriait-il entre ses dents à
chaque instant, en songeant à ses attraits et à
l'influence pernicieuse qu'ils avaient eue sur lui.
— Je me couperai les moustaches si je n'insulte
pas chaque Tiniote que je rencontrerai; son
père, sa mère, ses sœurs et toute sa race.

Enfin Osmond, après avoir pris successivement diverses résolutions, chargea Mustafa et
Stasso de tâcher d'obtenir des gardes qui
étaient à la porte qu'ils les conduisissent devant
le pacha; ils devaient lui demander de la part de
leur maître de lui permettre, ou de partir sur le
champ de Kars, ou d'envoyer l'un d'eux à Constantinople avec une lettre pour l'ambassadeur
d'Angleterre. Les gardes y consentirent, et ils
partirent sous bonne escorte pour le palais du
pacha.

Les quatre Turcs, après le départ d'Osmond,
commencèrent à délibérer sérieusement sur ce
qu'ils feraient de lui; s'ils le puniraient et
quelle punition ils lui feraient subir. Le pacha
désirait lui sauver la vie à condition qu'il de-

viendrait un de ses lutteurs; le mufti, appuyé
par l'iman, voulait pousser les choses à l'extrémité et partager entre eux tout ce qu'il possédait; Suleiman aga fumait sa pipe, réfléchissait
et ne disait rien.

Lorsque Mustafa et Stasso parurent devant
eux pour leur exposer la demande de leur maître, ils furent tous quatre d'un avis unanime à
ce sujet; ils ne voulurent permettre ni son départ ni celui d'aucun de ses deux serviteurs; et
ils les renvoyèrent près de leur maître pour lui
annoncer leur refus. Ils se séparèrent ensuite
sans avoir pris aucune détermination sur le
châtiment à infliger à Osmond, et ils s'ajournè-
rent au lendemain matin.

Suleiman aga retourna chez lui à pas lents,
car il tremblait d'y arriver. Il prévoyait la tempête qui l'attendait; il redoutait le courroux et
les cris de sa femme, et il craignait encore plus
les regards désolés d'Ayesha. Ses pressentimens
ne le trompaient pas. Le bruit de ce qui s'était
passé chez le teinturier et de l'emprisonnement
du Franc s'était déjà répandu dans toute la ville;
et la vieille Caterina avait eu soin d'aller apprendre cette nouvelle à Zabetta et à Ayesha
avec toutes les exagérations d'usage. Zabetta fut
saisie d'une fièvre d'impatience et de colère;
Ayesha supporta ce coup avec une résignation
pleine de douceur, quoiqu'elle eût le sein dé-

chiré par le désespoir. Du moment qu'elle apprit que son amant était en prison et que sa vie n'était pas en sûreté, les couleurs disparurent de ses joues et elle fut en proie à la plus cruelle angoisse. Elle savait que son père était un musulman rigide, et, quoiqu'il fût d'un caractère naturellement impassible et disposé à se soumettre à tous les revers de la vie avec toute la philosophie d'un homme qui croit à la prédestination, cependant, sur tout ce qui concernait les femmes, il était jaloux et vindicatif au plus haut degré. Tantôt, comptant sur l'influence qu'elle avait sur lui, elle prenait la résolution de lui avouer son amour pour Osmond et de solliciter son intervention en sa faveur; tantôt elle se rappelait à quel excès de violence l'avaient porté les soupçons qu'il avait conçus contre sa mère, et le courage lui manquait pour s'exposer à la même fureur. Cependant elle savait quelles cruautés les mahométans commettaient quelquefois contre les chrétiens; elle savait que son père avait assez de crédit pour sauver Osmond, si elle pouvait le déterminer à lui être favorable; et enfin elle résolut de faire tous ses efforts pour obtenir de lui cette grâce, quand même il devrait se porter aux dernières extrémités contre elle.

Suleiman aga, en rentrant chez lui, se rendit dans son appartement pour y fumer une pipe et réfléchir tranquillement. Après avoir passé quelque temps dans cette occupation, il apprit que sa femme était sortie pour aller au bain et il alla trouver Ayesha dans le harem; elle était assise sur le coin d'une ottomane, triste, pâle et abattue, comme il s'y attendait. Dès qu'il parut, elle se leva, comme le font dans l'Orient les enfans devant leur père, et attendit qu'il lui parlât.

— Asseyez-vous, Ayesha, dit Suleiman. Pourquoi êtes-vous si triste ? Regardez-moi; ne suis-je pas votre père? dites-moi quelque chose; pourquoi êtes-vous si triste ?

Ces paroles, prononcées avec autant de tendresse que pouvait en montrer un homme si flegmatique, touchèrent le cœur d'Ayesha, et, hors d'état de lui répondre, elle versa un torrent de larmes. Suleiman fut touché lui-même, et, quoiqu'il ne fût pas très-versé dans l'art des consolations, il lui parla pourtant de manière à la calmer et à lui inspirer de la confiance. Elle lui exprima son chagrin de lui avoir causé tant de mécontentement et d'inquiétudes; déplora le malheur qu'elle avait eu d'attirer tant de dangers sur la tête d'Osmond et finit par supplier son père d'employer toute son influence pour le tirer d'un si grand péril. — Dieu sait de quelle douleur je suis dévorée, ajouta-t-elle; je suis faible. Tout ce que j'ai fait pour résister à mes sentimens a été inutile; le destin m'a frappée et m'a fait agir. Je n'ai jamais eu dessein de vous déplaire.

— Mais, au nom d'Allah! pourquoi ne m'avez-vous point parlé? N'ai-je pas toujours été votre ami?

— Sans doute, mon père; mais qui aurait pu penser qu'un accident arrivé à un autre m'occasionerait tant de détresse? Alors elle lui raconta comment elle avait fait connaissance avec Osmond, la chûte qu'il avait faite de cheval, l'alarme qu'elle avait éprouvée, la manière dont elle avait couru à son secours, le respect avec lequel il l'avait regardée.

Suleiman l'interrompit. — Allah! Allah! s'écria-t-il; a-t-il donc vu votre visage?

— Que puis-je vous dire? Peut-être oui, peut-être non; mais je crains qu'il ne m'ait vue comme je le voyais. Ce fut en ce moment que le destin me frappa; un grand changement s'opéra dans mon esprit, et, au lieu d'être tranquille et heureuse, j'ai toujours été agitée de craintes et d'espérances fort étranges.

Suleiman secoua la tête et réfléchit. — Mais il a été malade, dit-il enfin; nous l'avons appris de Caterina. Par conséquent, vous avez été quelque temps sans le revoir.

— Oui, sans doute; mais hélas! comme la

mémoire est traîtresse ! je ne faisais que penser à lui.

— Vous pensiez à lui, Ayesha ? Cela était fort mal.

— Que pouvait faire une pauvre fille contre le destin ? D'ailleurs il ne se passait pas un seul jour sans que la vieille Caterina vînt pour en faire l'éloge.

— L'éloge d'un *giaour !* s'écria Suleiman comme frappé d'horreur ; cette Caterina est une calamité. Nous sommes musulmans, Ayesha ; vous avez commis un péché. Souffrirons-nous que nos harems soient souillés par un infidèle ? cela ne peut être, Ayesha ; il faut qu'il périsse.

— *Babam* ! mon père ! s'écria Ayesha avec terreur, ne sommes-nous pas tous les créatures de Dieu ? Pourquoi faut-il qu'un innocent périsse parce qu'il ne professe pas notre foi ? pensez-y mieux, mon père, et sauvez-le !

— Allah ! Allah ! vous êtes mahométane et vous parlez ainsi ! A quoi vous ont servi ces instructions que je vous ai données, si vous ignorez encore les décrets rendus contre les infidèles ? Après avoir lu le livre de notre foi, pouvez-vous parler en faveur d'un *giaour ?* Ayesha, aimeriez-vous ce Franc ?

Ayesha était en proie aux émotions les plus diverses. Elle garda quelques instants le silence, réfléchissant à ce qu'elle devait faire, et enfin, tremblant à l'idée du sort cruel dont son amant était menacé, elle tomba aux genoux de son père.

— Si quelqu'un est coupable, dit-elle, c'est moi, moi seule qui le suis. Ordonnez de moi ce qu'il vous plaira, vous ne m'entendrez pas murmurer; mais sauvez un jeune homme innocent. Sa mort serait suivie de celle d'Ayesha.

L'idée d'un malheur semblable à celui de la mort de sa fille bien-aimée ne s'était jamais présentée à l'esprit du grec Musulman; car il ne se doutait guère que son cœur fût si violemment épris. En ce moment, ses yeux s'ouvrirent et il aurait éclaté s'il n'eût eu devant lui tant de grâce et de beauté dans une attitude suppliante. Il ne savait quel parti prendre et il aurait probablement quitté sa fille sans lui répondre, s'il n'eût été frappé tout d'un coup par une idée qui lui parut devoir satisfaire les désirs d'Ayesha, sans compromettre sa propre rectitude et ses sentimens religieux.

— Relevez-vous, Ayesha, lui dit-il; il est très-vrai que les décrets du destin sont irrévocables. Nous donnerons une pensée à votre bonheur.

— Qu'Allah bénisse mon père pour ces paroles! ne songez pas au bonheur d'Ayesha; elle sera contente, quoi qu'il puisse lui arriver, pourvu que vous protégiez l'innocent, Et quel projet avez-vous conçu?

— Que le *giaour* devienne un vrai croyant, qu'il renonce à sa foi pour adopter celle du prophète, et, aussi vrai qu'il n'y a d'autre Dieu que Dieu, Ayesha sera son épouse. Suleiman en donne sa parole.

De nouvelles sensations firent palpiter le sein d'Ayesha, et, quoiqu'elle eût un fâcheux pressentiment d'après la connaissance qu'elle avait déja des sentimens d'Osmond, ses yeux brillèrent de plaisir quand elle entendit son père s'exprimer ainsi. Elle lui baisa la main, lui témoigna sa reconnaissance, et, quoiqu'elle ne pût écarter un sombre présage qui l'accablait encore de tristesse, elle parut aux yeux de Suleiman être plus tranquille et plus à l'aise.

En ce moment, Zabetta entra dans l'appartement; elle avait couru de côté et d'autre pour s'informer des bruits qui couraient dans la ville sur cette affaire, et ce qu'elle avait appris avait donné l'essor à toutes ses passions. Ici l'on disait qu'il était arrivé à Kars un infidèle qui, à l'aide d'un adorateur du diable, avait enlevé la fille de Suleiman aga et l'avait emmenée sur les montagnes du Kourdistan. Là on prétendait que Suleiman aga, ayant trouvé sa femme avec un *giaour*, l'avait enfermé dans un sac et jeté dans la rivière; ailleurs on assurait que le lutteur nè-

gre du pacha avait brisé les reins d'un Franc
qui était étendu mort dans la cour du palais.
Elle avait pourtant fini par apprendre le véritable
état des choses et elle revenait au comble du
courroux contre son mari. Dès qu'elle l'aperçut,
elle s'écria : — C'est donc ainsi que vous êtes
le destructeur de votre propre maison ? *Masal-
lah!* vous avez eu beaucoup de respect pour
vous-même ! Hommes, femmes, enfans, tout
le monde crachera sur votre barbe, en vous
voyant passer ; et pourquoi ? parce qu'il a plu
à un chien d'iman de venir vous conter des mensonges.

— Zabetta, dit Suleiman d'un ton calme,
êtes-vous devenue folle ? Suis-je à blâmer parce
que je n'ai rien fait ?

— Rien fait! N'est-ce rien faire que de désho-
norer votre femme et votre fille et d'en faire
l'objet du bavardage et de la dérision de toute
la ville ? N'est-ce rien faire que d'opprimer un
homme innocent et de mettre sa vie en danger ?
Comment faites-vous donc votre compte ?

— Comme Allah est grand, je n'ai rien fait.
S'il plaît à la biche de s'accroupir devant le lion,
est-ce la faute du lion s'il la dévore ? Quand
un *giaour* quitte volontairement son pays et
vient dans le nôtre pour insulter nos lois, est-ce
la faute du musulman s'il prend la défense de

ses lois et s'il punit le coupable? Les femmes
parlent du cœur et non de la tête.

— Qu'avez-vous à dire contre les femmes?
Que seriez-vous sans elles? une vieille souche
desséchée que rien ne pourrait faire reverdir,
un tas d'ordures que rien ne pourrait purifier.
Allez! vous parlez comme si votre langue appartenait à vos mains et non à votre bouche. Vous
en venez au bâton et à la force quand le peu de
bon sens que vous possédez a déménagé de
votre cerveau; vous pouvez écouter les hommes
quand vous n'avez pas une femme pour vous
guider; mais, tant que vous aurez Zabetta dans
votre maison, vous l'entendrez et vous n'entendrez qu'elle, quand vous n'auriez qu'une oreille
pour l'écouter. Je vous dis qu'il ne faut pas
souffrir que ce malheureux infidèle périsse; il
faut le sauver; et comme c'est vous qui avez
causé le mal, c'est vous qui devez amener le bien.

— Quelle est donc votre folie, femme? Pourquoi perdre inutilement des paroles? C'est l'i-
man qui est l'accusateur du Franc; il a vu son
crime; il en a rendu témoignage. Que puis-je
dire contre des faits?

— L'iman! l'iman! s'écria Zabetta avec un
ton de mépris, les mains appuyées sur ses han-
ches et regardant son mari en face. A vous entendre parler, on croirait que ce vieil épouvantail
qui croasse sa profession de foi sur le haut du

minaret est un personnage aussi sacré que le
prophète lui-même! Qu'est-il autre chose qu'un
vieux radoteur, un sot sans dents et sans barbe,
qui, au lieu de songer à son *azan* et aux affaires
de sa mosquée, se mêle, comme un oiseau de
mauvais augure qu'il est, d'épier ce qui se passe
chez ses voisins? Il cherche le mal où il n'en
existe pas; il trouble le repos des familles par de
vils mensonges; il excite le père contre la fille et
le mari contre la femme; et il répand de faux
écrits qui peuvent occasioner des malheurs
qu'Allah seul a le pouvoir de prévenir. Allez,
allez! ne nous parlez plus de votre iman, si ce
n'est quand vous lui aurez assuré une bonne bastonnade sur la plante des pieds. Il faut mettre
fin à l'esclavage dans lequel il vous tient, Suleiman aga. Allez chez le pacha; insistez pour que
ce Franc soit mis en liberté; je ne vous laisserai
pas de repos auparavant.

Suleiman ne chercha pas à arrêter la volubi-
lité de sa femme; mais, quand elle prit un moment pour respirer, il lui dit en regardant
Ayesha : — Ce que j'ai dit est dit : si l'infidèle
consent à renoncer à sa foi et à adopter celle de
Mahomet, Ayesha sera sa femme et tout ira
bien.

— Quel discours tenez-vous là! s'écria Zabetta; Ayesha sera sa femme, dites-vous? Elle
ne sera la femme que de l'époux que je lui choi-

sirai. Ne suis-je donc rien pour qu'on ne me consulte pas ? Quel est l'homme dans le monde qui s'entende en mariage ? Les hommes ne sont pas plus en état de choisir un mari pour leur fille que la couleur des vêtemens de leur femme; qu'ils s'en tiennent à leur pipe, à leurs chevaux et à leurs chameaux; qu'ils aillent vendre ou acheter dans les bazars; qu'ils combattent; qu'ils vollent, qu'ils pillent, mais qu'ils ne se mêlent pas de ce qui ne les concerne en rien. Allah ! Allah ! que deviendra le monde si une mère ne peut faire de sa fille ce que bon lui semble ? Allez, allez fumer, allez prier; mais laissez aux femmes le soin des mariages.

— Il n'y a pas de mal à ce que vous dites, répondit Suleiman avec tranquillité; soit! Mais si vous désirez sauver la vie de cet infidèle, il faut d'abord qu'il abjure sa foi; et, si vous voulez assurer le repos de votre fille, il faut qu'il l'épouse après avoir renoncé à sa foi et adopté la nôtre.

Ces mots arrêtèrent le cours de la rage de Zabetta, et elle devint assez calme pour s'apercevoir que, si elle ne prenait un parti, son projet de s'évader de Kars échouerait et elle perdrait une occasion si favorable. Elle cessa donc peu à peu de s'opposer d'une manière si prononcée au plan conçu par son mari; et de même que les décharges d'artillerie, en devenant moins

fréquentes et moins bien nourries , annoncent
la fin d'une bataille, les explosions de sa colère,
se ralentissant graduellement, purent faire juger
qu'elle n'escarmouchait encore que pour couvrir une retraite honorable , et elle sortit de la
chambre en grondant tout bas.

Lorsque Suleiman se fut retiré et qu'elle fut
rentrée en pleine possession du harem , elle
s'enferma avec Ayesha et lui fit part des divers
plans qu'elle avait formés tour à tour pour délivrer de prison le jeune Anglais. D'abord elle
avait pensé à dépêcher un messager au commandant du poste russe le plus voisin pour l'engager à attaquer la ville de Kars, en l'assurant qu'il
serait secondé dans l'intérieur. Ensuite, elle
avait songé à un de ses amis , chef d'un canton
du Kourdistan qui , en tombant tout à coup sur
la ville, pourrait faire prisonniers le pacha ,
l'iman et le mufti, et les emmener sur ses montagnes. Enfin il lui avait passé par l'esprit de gagner les gardes d'Osmond pour qu'ils lui ou-
vrissent les portes de la prison. Mais plus elle
réfléchissait à chacun de ces projets, plus l'é-
xécution lui en paraissait impraticable, et elle
fut obligée de convenir que son mari , pour la
première fois de sa vie , avait conçu le plan le
plus facile et le plus raisonnable. D'ailleurs Osmond Turc pouvait servir à ses desseins tout
aussi bien qu'Osmond chrétien , et elle se disait

à elle-même : — Qu'il m'aide seulement à me tirer de cette horrible ville, et peu m'importe ensuite ce qui pourra lui arriver. -

Ayesha fut soulagée pour le moment par l'espoir que la vie de son amant n'était pas en danger ; mais, après y avoir réfléchi, elle ne put se dissimuler que, quoique le coup qui menaçait Osmond pût être arrêté par l'intervention de son père, il n'en tomberait que plus sûrement si le chrétien refusait d'abjurer sa religion, comme elle ne doutait pas que ne le fît le jeune Anglais. Elle ne pouvait ouvrir entièrement son cœur à sa mère ; car l'expérience lui avait appris qu'elle cédait trop aisément à ses passions et à l'impulsion du moment pour agir avec la prudence et la circonspection qu'exigeait une affaire aussi délicate. Elle résolut donc d'attendre le cours des événemens, et elle montra en cela une sagacité fort au-dessus de son âge et cette force d'âme qu'elle conserva dans toutes les aventures que nous aurons à rapporter.

CHAPITRE XI.

Les mahométans ne sont égarés ni dans
l'impiété de l'athéïsme ni dans les ténèbres
de l'idolâtrie. Leur religion, toute fausse
qu'elle est, a plusieurs articles de croyance
qui lui sont communs avec la nôtre; ce qui
facilitera les moyens de répandre parmi eux
la vraie foi et de les disposer à les accueillir.

FORSTER, *le Mahométisme dévoilé.*

LE lendemain matin, les quatre Turcs se réunirent pour délibérer sur la conduite à tenir à l'égard du prisonnier. Chacun d'eux fit valoir son opinion; le pacha se prononça pour l'indulgence; l'iman et le mufti insistèrent pour la sévérité; Suleiman aga proposa d'un ton calme l'alternative dont il avait parlé à sa femme. — Que l'infidèle embrasse la foi musulmane, dit-il; il n'y aura plus un mot à dire et il épousera ma fille.

Cette proposition était inattendue et il en ré-

sulta une pause dans la délibération. Les trois
autres, comme bons musulmans, ne pouvaient
y faire aucune objection; car leur religion leur
imposait l'obligation de faire autant de prosé-
lytes qu'ils le pouvaient, et l'occasion était trop
favorable pour la laisser échapper. Cependant
ce trait de magnanimité de Suleiman aga n'é-
tait pas tout à fait d'accord avec les intentions
du pacha ni avec celles du mufti. Le pacha désirait s'assurer un excellent *pehlivan*, et il était
disposé à acheter la vie d'Osmond moyennant
un bon prix s'il était condamné à mort; et le
mufti, après l'exécution du jeune voyageur,
comptait confisquer à son profit sa bourse et
tous ses effets; mais le compromis proposé allait faire avorter leurs projets respectifs, quoique leur religion dût y gagner un prosélyte et
Suleiman aga un gendre. Néanmoins, celui-ci
ayant persisté dans sa proposition, il était impossible de s'y opposer et on envoya chercher
le prisonnier pour le rendre lui-même l'arbitre
de son sort.

Pendant ce temps, lord Osmond avait eu le
loisir de réfléchir sur la situation dans laquelle
il se trouvait. Malgré l'ardeur de la jeunesse,
toujours prête à se bercer d'espérances flatteu-
ses, malgré le courage et la fermeté qui étaient
le principal trait de son caractère, quand il regardait autour de lui et qu'il se voyait sans

amis, sans protection, prisonnier des barbares et coupable de ce qui, suivant leurs idées, était un crime que la mort seule pouvait expier, sa constance était ébranlée, et il commençait à désespérer de son salut.

La passion qu'Ayesha avait allumée dans son cœur ne faisait qu'ajouter plus d'amertume à ses chagrins; les projets qu'il avait formés pour elle étaient évanouis comme un songe, et il n'osait s'appesantir sur l'idée que sa conduite exposerait peut-être cette jeune infortunée à des persécutions, sinon à un châtiment peut-être égal au sien. S'il portait les yeux vers son pays, de nouvelles sources de regrets s'ouvraient pour lui quand il songeait à la douleur qu'éprouveraient ses parens et ses amis en apprenant son sort funeste. La présence de ses deux compagnons de prison, Mustafa et Stasso, n'était pas pour lui une consolation, car ils ne faisaient de leur côté que gémir sur le destin qui les attendait probablement.

Quand Mustafa ouvrait la bouche, c'était pour peindre la cruauté des habitans du pays dans lequel ils étaient. — Les Turcs, disait-il, mettaient à mort les condamnés en les empalant; les Persans leur coupaient le corps en quatre quartiers; les Kourdes les étranglaient ou les enterraient tout vivans. Et, comme il était savant sur cette matière, il ajoutait que le mufti aurait peut-être la politesse de se borner à les faire décapiter; et, dans ce cas, il se demandait si on lui ferait l'honneur de lui mettre la tête sous le bras comme un vrai croyant, ou si on la lui placerait entre les jambes comme à un infidèle, ainsi qu'à son maître et à Stasso, en signe de mépris et de dégradation.

— Qu'Allah fasse pleuvoir sur eux toutes les calamités! Que leurs maisons soient ruinées! s'écria-t-il; nous mourrons ici comme des chiens, sans que personne nous couvre le visage et tourne nos pieds du côté de la Mecque!

— *Allah kerim der,* Dieu est miséricordieux, dit Osmond, cherchant à soutenir le courage abattu du tatar; espérons pour le mieux.

— *Allah kerim der,* répéta Mustafa; à la bonne heure, mais à quoi cela me servira-t-il quand on m'aura coupé la tête?

— Comment pensez-vous à votre tête quand la vie de notre maître est en danger? s'écria le fidèle Stasso. Que l'enfer engloutisse cette diablesse noire! (faisant allusion à Nourzadeh); c'est son mauvais œil qui nous a mis dans ce mauvais pas.

Au milieu de cette discussion, le *chokadar* en chef du pacha arriva et annonça qu'il avait ordre de conduire les trois prisonniers en présence de son maître. Il ne voulut répondre à aucune question qu'Osmond et Mustafa lui firent, se bornant à dire: — *Bakalum,* nous verrons; éternel refuge de l'ignorance ou de l'indolence de tous les Turcs. Ils partirent sur le champ et il les conduisit dans un appartement où étaient réunis le pacha, le mufti, l'iman, Suleiman aga et un *khoja*, ou scribe, qui devait dresser une sorte de procès-verbal de ce qui se passerait.

Dès qu'Osmond fut entré, il vit qu'on n'avait pas dessein de lui faire la politesse de l'inviter à s'asseoir ; mais, sans faire aucune observation sur ce point, il décida la question lui-même en allant s'asseoir sur l'ottomane à côté du pacha. Cet acte de hardiesse, loin de lui être préjudiciable, milita en sa faveur ; car un homme qui sait maintenir sa dignité imprime toujours aux Orientaux du respect et de l'admiration.

Le pacha, enveloppé de châles et de fourrures, fut saisi d'une agitation nerveuse quand il vit s'avancer vers lui si hardiment un homme qu'il regardait comme un mangeur de lions ; le mufti fronça les sourcils de colère et d'indignation ; la surprise fit ouvrir de grands yeux à l'iman ; Suleiman aga resta plongé dans son apathie ordinaire. Cependant, quand on vit qu'Osmond n'avait aucune intention hostile et qu'il restait tranquillement assis à la place qu'il avait choisie, le mufti ouvrit la bouche et lui dit : — Franc, nous vous avons mandé devant nous pour que vous répondiez à une plainte portée contre vous.

Parlez, Suleiman aga, de quoi accusez-vous le Franc?

— J'accuse cet infidèle, cet étranger, répondit Suleiman, d'avoir eu une conversation avec une femme de mon harem, et cet homme est mon témoin, ajouta-t-il en montrant l'iman.

— Déclarez ce que vous avez vu, dit le mufti à l'iman.

— Puissiez-vous vivre de nombreuses années! répondit l'iman d'un ton hypocrite; je suis témoin du fait; j'ai vu de mes propres yeux ce Franc causer avec une femme professant notre foi, sur la terrasse de la maison de l'Arménien Bogos. Que puis-je dire de plus?

—Qu'avez-vous à répondre à cette accusation? demanda le mufti à Osmond.

— J'ai déjà reconnu que j'ai parlé à une femme sur la terrasse de la maison de l'Arménien, et je le reconnais encore, répondit Osmond avec fermeté. Je n'avais pas dessein de contrevenir à vos lois; car, dans mon pays, les hommes parlent librement aux femmes sans violer les lois divines ni humaines.

— Que dit la loi à ce sujet? demanda le mufti au scribe qui prenait note de tout ce qui se passait.

Le scribe prit un exemplaire du Coran, l'ouvrit avec respect, et, après avoir tourné quelques feuillets, lut le passage suivant: —«Quant aux infidèles, peu importe que tu les avertisses ou que tu ne les avertisses pas. Dieu a scellé leur cœur et leurs oreilles; les ténèbres couvrent leurs yeux et ils subiront une punition sévère. »

— Vous avez entendu, Franc, dit le mufti; qu'avez-vous à alléguer pour ne pas subir la punition sévère que vous avez méritée ? Vous qui portez notre costume et qui parlez notre langue, vous devez savoir que vous avez violé nos lois en outrageant la sainteté du harem. Ainsi donc, averti ou non averti, pourquoi ne seriez-vous pas puni?

— Le passage qui vient d'être lu n'a aucun rapport avec le cas dont il s'agit, répondit Osmond avec beaucoup de sang-froid; montrez-moi une loi qui défende à un étranger de parler à une de vos femmes, et je vous répondrai.

Le mufti savait qu'il n'existait dans le Coran aucune injonction formelle à cet égard et il avait tiré un sens spécial d'une disposition générale comme le font souvent les légistes mahométans quand leur saint livre est en défaut. Il fut d'autant plus courroucé qu'il ne savait que répondre, et il se perdait au milieu d'un long discours contre l'aveuglement des infidèles, dont la perversité ne pouvait comprendre le langage sublime du Coran, quand Suleiman aga l'interrompit : — Tout infidèle mérite la mort, s'écria-t-il, personne ne peut en douter, et c'est perdre le temps que de chercher à le prouver. Écoutez donc les paroles du saint livre. Il prit le Coran des mains du scribe et y chercha le passage suivant, qu'il lut tout haut: «Ne donnez pas une femme qui croit en mariage à un infidèle avant qu'il soit devenu vrai croyant.»Cet article est positif, et il l'est aussi que les infidèles sont dignes de mort. Que ce Franc embrasse notre foi, il vivra et je lui donnerai ma fille en mariage. Qu'il refuse et il mourra. J'ai dit.

— Avez-vous entendu? dit le mufti à Osmond; faites sur le champ la profession de notre foi. Acceptez pour femme la fille de Suleiman aga, et vous vivrez. La mort sera la suite infaillible de votre refus.

Osmond était bien loin d'avoir prévu une telle proposition; elle le mit dans l'embarras. Il aurait refusé sur le champ avec indignation, s'il n'eût pensé que le destin de celle qu'il aimait dépendait peut-être du sien. Il parut donc écouter cette offre, sinon avec approbation, du moins sans mépris et sans colère. — Prouvez-moi que votre foi est préférable à la mienne, répondit-il, et je l'embrasserai, mais à condition que si je vous démontre que c'est la mienne qui est la véritable, vous deviendrez chrétiens. Quant à l'offre que vous me faites de votre fille pour femme, ajouta-t-il en s'adressant à Suleiman aga, je l'accepte en tout état de cause;

je suis prêt à lui donner ma main et mon cœur,
et je vous assure de toute ma reconnaissance.

Quelques instans de silence causé par l'étonnement suivirent ces paroles; mais le mufti, voyant l'avantage qu'il pouvait tirer de la proposition du prisonnier, ne tarda pas à dire avec beaucoup de gravité : — Il n'y aucun mal à ce que le Franc nous propose; nous acceptons ses conditions. Qu'il nous prouve que notre sainte religion est fausse et nous nous ferons chrétiens. Mais, comme Allah est dans le ciel, comme Mahomet est son prophète, s'il n'avoue pas sa conviction, quoique convaincu, s'il s'obstine à refuser de se laisser convaincre, par la barbe du prophète, nous jurons qu'il mourra. A ce discours les autres Turcs répondirent gravement: — *Evalla*, oui, véritablement.

Lord Osmond avait étudié avec le plus grand soin tout ce qui avait rapport à l'Orient et particulièrement à la religion de Mahomet; son esprit, accoutumé à envisager en grand les desseins de la Providence, ne voyait pas seulement en Mahomet un aventurier intrigant, un fanatique adroit et un chef ambitieux. Adoptant l'opinion d'un de nos théologiens modernes, il regardait les Arabes parmi lesquels il avait voyagé comme les descendans d'Ismaël, et les Turcs, si imbus de l'esprit du prophète, comme les soutiens les plus puissans de sa fausse religion; les uns et les autres prouvant ainsi la vérité des prophéties. Il avait toujours pensé que leur fausse foi avait tant de points de contact avec la véritable, que cette circonstance devait avec le temps amener leur conversion. Quand donc le mufti lui proposa d'embrasser le mahométisme, il fut frappé sur le champ de l'idée que c'était une occasion de leur exposer la fausseté de la religion de leur prétendu prophète, et que, quelque faibles, quelque superficiels que pussent être ses argumens, il pourrait peut-être ébranler l'opinion de quelqu'un de ses auditeurs et ajouter ainsi ses humbles efforts à ceux qu'on faisait alors pour convertir les païens au christianisme.

Après avoir été reconduit dans sa prison, il songea à la tâche sérieuse qu'il venait de s'imposer : il repassa tous les argumens qu'il crut les plus propres à convaincre ses antagonistes. Dans l'ardeur de son zèle, il perdit de vue le danger imminent auquel il allait être exposé, et, se regardant comme un champion de la religion, il se sentit disposé même au martyre, si telle était la suite de la controverse à laquelle il allait se livrer.

Ses compagnons de prison étaient loin de partager cet enthousiasme. Au contraire, ils commençaient à croire que leur maître n'avait pas toute sa raison. Ils avaient souvent entendu

appeler les Anglais *delhi Ingliz*, les fous Anglais,
et ils pensaient qu'Osmond allait prouver que
c'était avec justice qu'on les nommait ainsi.
Ils l'avaient toujours admiré et respecté; ils l'a-
vaient vu joindre la prudence au courage; mais
ils croyaient qu'en cette occasion il avait au
moins un accès de démence.

— Par Allah! il est fou, dit Mustafa à demi
voix à Stasso; il ne connaît pas ces Turcs. Ils
ne se soucient guère de tout ce qu'il peut dire;
c'est son argent qu'ils veulent avoir. Qu'un infidèle porte un turban vert ou même des babouches jaunes, sans permission, qu'il entre dans
une mosquée ou même dans un bain sans avoir
une bonne escorte, et ils le mettront en pièces.
Que ne lui feront-ils donc pas quand ils l'enten-
dront déclarer publiquement que leur religion
est fausse et que le prophète est un imposteur?
Allah! Allah! ils tomberont sur lui comme des
loups et des tigres et ils boiront son sang. Et
nous, que nous arrivera-t-il? ils boiront aussi
le nôtre.

— Que puis-je y faire? répondit Stasso. Il est
Franc, et, qui plus est, Anglais; ces Anglais sont
de vrais diables; ils ne vont ni à droite ni à
gauche; ils vont toujours en avant; ils ne croient
jamais que le danger est en face; ils ne font rien
comme les autres; jamais ils ne marchent en
arrière. Vous souvenez-vous, Mustafa, qu'il y a

quelques années, à Constantinople, comme on allait pendre un juif devant la porte du bazar, chacun s'enfuyait de peur d'être forcé de faire l'opération? Un marin anglais resta sur la place à se promener avec la plus grande tranquillité ; on le saisit et on lui ordonna de pendre le juif. Au lieu de chercher à s'enfuir, il se mit en besogne avec le plus grand sang-froid, passa la corde dans la poulie, enleva le malheureux comme si ç'eût été un tonneau, et, se retournant ensuite, demanda s'il n'y en avait pas d'autres à pendre. Cela est aussi vrai que vous aimez votre mère. Ils sont tous fous depuis le premier jusqu'au dernier.

Ils résolurent alors de faire des remontrances à leur maître, de l'engager à tâcher de corrompre ses gardes, de s'échapper de la ville et de gagner les frontières de la Russie. Mais quand ils lui firent cette proposition, il la rejeta péremptoirement et leur dit que, s'ils ne voulaient pas rester avec lui, ils étaient maîtres de partir en tant que cela pouvait dépendre de lui. Le fidèle Stasso jura qu'il ne le quitterait pas. Mustafa aurait été fort tenté de profiter de la permission; mais il savait qu'on lui refuserait probablement un cheval dans toutes les maisons de poste et que d'ailleurs il perdrait sa place à l'ambassade anglaise à Constantinople s'il y retournait sans Osmond ; il pensa donc que le mieux était de rester où il était et de se soumettre à tout ce qu'il plairait au *kismet,* au destin, d'ordonner de son sort.

Tandis que cette scène se passait dans la prison d'Osmond, les quatre Turcs étaient encore assemblés en conclave. Une circonstance à peu près semblable avait eu lieu en Perse quelque temps auparavant. Il y était arrivé un pieux Franc qui avait avancé des argumens si positifs en faveur de la religion chrétienne, qu'aucun docteur persan n'avait pu y répondre. Les Turcs résolurent de faire mieux en cette occasion et de pulvériser tous les raisonnemens de l'infidèle. Ils firent donc convoquer tout ce qui se trouvait de science et d'érudition dans la ville; ils réunirent les khodjas, les moullas, les hukims et les imans; mais ils comptaient surtout sur la sagacité d'un célèbre derviche qui vivait en reclus dans une caverne creusée par la nature dans les flancs d'une montagne où il pratiquait des austérités et priait sans intermission. On disait qu'il savait par cœur tout le Coran et il connaissait si bien toute la doctrine et toutes les lois du prophète, que personne ne pouvait lui disputer la palme. On le voyait rarement dans la ville, et, quand il y paraissait, la foule se pressait tellement autour de lui pour en obtenir des talismans et des charmes, qu'à peine pouvait-il avancer. Un poil de sa barbe se conservait

comme une relique et l'on achetait même les ro-
gnures de ses ongles. Le mufti lui envoya une
députation pour requérir sa présence le jour qui
avait été fixé, lui disant que la foi musulmane
était en danger, et qu'un infidèle franc avait entrepris d'en prouver la fausseté.

On ne parlait dans Kars que de la controverse
qui allait avoir lieu et le zèle de tous les vrais
croyans était porté à un tel point de fureur que,
si Osmond se fût montré dans les rues sans protection, il aurait été mis en pièces par la popu-
lace. Zabetta et Ayesha apprirent bientôt cette
nouvelle qui produisit des effets différens sur
chacune d'elles. La mère, connaissant parfaitement tout le danger de l'entreprise d'Osmond,
ne se contentait pas de l'accuser de folie comme
Mustafa et Stasso, mais elle le regardait positivement comme un sot; la fille, tout entière à
l'amour et à l'admiration qu'il lui avait inspirés,
ne songeait qu'aux périls qu'il courait. Se mettre
seul en opposition avec une multitude de fanatiques, attaquer leurs préjugés, chercher à les convaincre d'erreur, c'était une audace qui lui semblait inconcevable. Tout ce qu'elle pouvait faire
était de prier pour sa sûreté, et elle passait tout
son temps à penser à lui, à se rapporter tout ce
qu'il lui avait jamais dit et à chercher des
moyens de le sauver.

Telle était alors la situation des affaires à Kars,

et ceux qui connaissent le caractère des Turcs, leur fanatisme religieux, leur esprit de vengeance et le mépris qu'ils font de la vie quand leurs passions sont excitées, seront en état d'apprécier la position dangereuse dans laquelle Osmond était placé. S'il en avait eu lui-même une connaissance parfaite, peut-être n'aurait-il pas aventuré sa vie dans une contestation si inégale; mais, poussé par un esprit entreprenant et par le désir de faire le bien, se sentant appelé à soutenir sa religion, même au risque de ses jours, il ferma les yeux sur les dangers, résolut d'exécuter avec courage ce qu'il avait entrepris et laissa le reste entre les mains de la Providence.

CHAPITRE XII

La guerre contre les infidèles vous
est enjointe.

Le Coran, chap. II.

On avait choisi pour théâtre de la controverse
le *medresseh*, ou l'école, qui tenait à la principale mosquée. Dans la matinée du jour où elle
devait avoir lieu, on vit s'y rendre tous ceux qui
avaient des prétentions à quelque degré de
sainteté; des hommes portant de grands turbans
et de longues barbes, des imans à physionomie
atrabilaire, des scribes jeunes et vieux, enfin
tous ceux qui haïssent les Francs et qui étaient
dévorés d'un saint zèle pour la foi musulmane.

Le *medresseh* fut bientôt rempli ; mais on avait eu soin de réserver un espace au haut bout de la salle pour le pacha, le mufti, les ayans et les autres personnages les plus distingués de la ville, qui n'arrivèrent que long-temps après les autres. Le reclus les accompagnait et ce fut l'individu à qui l'on montra le plus de respect. C'était un petit homme pâle, maigre et ridé; ses yeux étaient profondément enfoncés dans sa tête, et ses lèvres étaient toujours en mouvement pour réciter des versets du Coran ; un haillon vert lui entourait la tête en guise de turban ; un vieux manteau lui couvrait les épaules, et une large ceinture de cuir, retenait une veste qui, sans cela, serait tombée par terre, en lambeaux. On lui donna la place d'honneur, distinction à laquelle il parut indifférent.

Lorsque la foule se fut rassasiée de la vue du magnifique costume du pacha et des guenilles du saint, elle commença à s'impatienter de ne pas voir arriver le Franc que chacun vouait d'avance à la perdition en ce monde et dans l'autre; il parut enfin, escorté par une troupe de gardes du pacha commandés par un officier. En chemin, il avait été frappé de l'agitation extraordinaire qui régnait chez un peuple en général si indifférent et si apathique, et cette circonstance lui fit sentir mieux que jamais les dangers et les difficultés de son entreprise; les femmes mêmes formaient des groupes nombreux pour le voir passer, celles des rangs inférieurs, dans les rues qu'il traversait, les autres, derrière les jalousies de leurs croisées et sur les terrasses de leurs maisons et des bains. Il recouvra pourtant toute sa force d'esprit quand il entra dans le *medresseh.* et il s'y présenta avec un air d'indépendance et de dignité qui aurait inspiré l'intérêt et le respect à des spectateurs moins prévenus ; mais il ne vit sur toutes les physionomies que des indices de haine et de mépris. Il prit la place qui lui était destinée et que le pacha lui montra en lui disant : — *Otour*, asseyez-vous. Au milieu des chuchotemens que la crainte inspirée par la présence de toutes les autorités de la ville empêchait seule de se changer en cris de rage, la voix du mufti se fit entendre; il ordonna le silence, et, s'adressant à Osmond :

— Franc, Osman aga, lui dit-il, vous êtes ici à votre propre demande. Vous avez dit que si nous pouvons vous convaincre que la religion du bienheureux Mahomet est la véritable, vous abjurerez la vôtre, et que si vous pouvez nous démontrer que la vôtre est la seule vraie nous devrons l'embrasser. Ai-je dit la vérité?

— Oui, répondit Osmond, mais, avant tout, je dois demander protection et sûreté pour ma personne, sans quoi le combat serait inégal.

Que peut faire un homme seul contre une telle multitude ?.

— Franc, s'écria le mufti, vous oubliez que vous avez transgressé nos lois ! Il s'agit pour vous en ce moment de la vie ou de la mort. La mort est le châtiment du refus d'embrasser notre loi ; embrassez-la et vous devenez l'époux de la fille de Suleiman aga.

Ces paroles firent sentir plus vivement que jamais à Osmond combien les chances étaient contre lui, et son courage fut un moment ébranlé ; mais il reprit bientôt toute sa fermeté, et, laissant son sort entre les mains de l'Arbitre suprême du destin des hommes, il résolut de poursuivre son entreprise. Il sentit de quelle importance il était de dissiper les préventions qui existaient contre lui, comme il ne le voyait que trop, et il ne perdit pas de temps pour prendre la parole afin d'être entendu le premier. Au lieu de heurter les préjugés de ses auditeurs en attaquant de front leur croyance, il commença par parler avec éloge et admiration des succès que le mahométisme avait obtenus dans le monde, du long espace de temps qui s'était écoulé depuis l'établissement de cette religion et du nombre considérable de personnes qui en avaient adopté les dogmes ; il chercha ensuite à les intéresser et à les amuser en entrant dans des détails historiques. Il leur parla de l'origine des Arabes ;

d'Abraham un de leurs patriarches et de leurs
ancêtres, et des promesses différentes qui avaient
été faites à ses deux fils, Isaac et Ismaël : Isaac,
dit-il, avait donné aux hommes une nouvelle foi
et de nouvelles mœurs par le moyen des juifs,
ses descendans suivant la chair, et ensuite des
chrétiens, ses descendans suivant l'esprit ; Ismaël avait effectué une même révolution par le
moyen d'abord des Arabes, ses descendans suivant la chair, et des Turcs et des Tartares, ses
descendans suivant l'esprit. Dans le cas d'Isaac,
ce changement avait été opéré par l'avénement
de Jésus-Christ qui réunissait en sa personne
divine les caractères de prophète, d'apôtre, de
prêtre, de législateur et de roi ; dans celui d'Isaac,
il l'avait été par Mahomet qui avait annoncé lui-
même qu'il possédait des titres semblables.

Jusqu'à cet endroit de son discours, Osmond
avait assez bien réussi ; il avait attiré l'attention
de ses auditeurs, leurs yeux annonçaient moins
de malveillance et de haine. La manière dont il
parlait leur langue les avait surpris et ils avaient
été flattés de ce qu'il avait dit des succès des
premiers musulmans. Il continua sur le même
ton, parla de la valeur des successeurs immédiats
de Mahomet qui avaient établi en même temps
leur domination sur les plus belles provinces des
deux plus puissans empires du monde, Rome
et la Perse. C'est vous, Musulmans, ajouta-t-il

en élevant la voix, qui fites toutes ces conquêtes avec une rapidité qu'on ne saurait décrire ; et vous étendîtes ensuite votre empire à l'orient jusqu'aux frontières de l'Inde et de la Chine ; à l'occident jusqu'aux confins de l'Afrique et jusqu'aux côtes de l'Atlantique, et du nord jusqu'aux bords de l'Oxus et jusqu'aux rives de la mer Caspienne ; et, dès la vingt-unième année de l'hégire, vous étiez maîtres de contrées plus étendues que les aigles romaines n'en avaient jamais parcouru. En quatre-vingts ans, les fils d'Islam avaient conquis plus de royaumes que les Romains en huit siècles, et en moins d'un siècle votre foi s'étendit sur la grande partie de l'Asie et de l'Afrique et menaça de s'établir dans le cœur même de l'Europe chrétienne.

On continuait à l'écouter avec intérêt et même avec plaisir ; mais le mufti, qui avait remarqué l'impression favorable que produisait son discours, craignit que sa proie ne lui échappât et il l'interrompit tout à coup en s'écriant : — Quel rapport tout cela a-t-il avec l'objet de notre assemblée ? N'ai-je pas dit que c'était un vrai croyant ? Est-il venu ici pour rire à notre barbe ?

— Ayez un peu de patience, dit Osmond en étendant le bras comme pour demander le silence ; j'arriverai bientôt au fait comme vous le désirez.

— Continuez ! continuez ! s'écria-t-on de différens côtés. Le vieux reclus de la montagne leva les yeux sur lui et secoua la tête sans prononcer un seul mot. Stasso et Mustafa, debout derrière leur maître, pouvaient à peine respirer, tant ils étaient surpris du succès extraordinaire qu'il avait obtenu jusqu'alors, quoiqu'ils ne pussent comprendre quel était le but de son discours.

— Qui pourrait, continua Osmond, ne pas reconnaître, ne pas admirer les talens et les qualités extraordinaires de Mahomet et le génie avec lequel il tira de la barbarie le peuple dans le sein duquel il était né et le fit renoncer à ses superstitions? Il lui apprit à croire à un seul Dieu, maître et créateur de tout l'univers et doué d'un pouvoir, d'une justice et d'une merci sans bornes; à l'immortalité de l'âme, à un jugement futur, à un paradis et à un enfer. Il lui apprit à honorer le patriarche Abraham, à reconnaître Moïse et Jésus-Christ comme de grands prophètes, et le Pentateuque et la Bible comme des livres sacrés. Mais on ne peut nier qu'il n'ait pris dans la Bible tout ce qu'il y a de bon dans le Coran.

— Le Coran est un miracle! s'écria une voix dans la foule. Niez cela si vous le pouvez!

Ces paroles furent comme un signal qui introduisit le tumulte dans l'assemblée. — Qu'il réponde à cela! cria l'un. — Ose-t-il parler contre le Coran? dit un autre. — Qu'il disparaisse du milieu de nous! vociféra un troisième. — Nous

sommes musulmans, s'écrièrent plusieurs voix;
à quoi bon écouter un infidèle? — Le Coran est
un miracle! répéta-t-on encore; qu'il en con-
vienne, c'est tout ce qu'il nous faut.

— Oui, sans doute, s'écria Osmond d'une
voix ferme et assurée qui rétablit le silence un
instant, le Coran est un miracle pour le temps
d'ignorance et de barbarie pendant lequel il fut
composé; mais c'est un miracle de génie humain
et non un œuvre surnaturel. Les parties qui
sont tirées de la Bible des chrétiens ont une origine divine; les autres sont l'ouvrage d'un
homme et n'ont aucune valeur.

A ces mots de nouvaux cris éclatèrent dans
l'assemblée et Osmond reconnut qu'il avait déjà
perdu tout le terrain qu'il avait d'abord gagné.
On n'entendit que des imprécations contre lui,
contre sa croyance et contre tous les Francs. La
haine et la colère transportaient tous les esprits
et on lui adressait de toutes parts les épithètes les
plus insultantes : — *Kiupek*, chien. — *Kelb*,
aboyeur. — *Giaour*, infidèle. — *Haremzadeh*,
bâtard.

Enfin le mufti, ayant ordonné le silence, dit
à Osmond d'une voix grave et solennelle : —
Nous avons entendu et nous ne sommes pas
convaincus. Maintenant, répondez-moi : Recon-
naissez-vous que la foi mahométane est la seule
véritable et que le bienheureux Mahomet est le

prophète de Dieu, ou le niez-vous? Parlez, et puisse Allah vous inspirer votre réponse!

— Parlez! parlez! s'écria-t-on de toutes parts.

Osmond reprit la parole; mais, comme on vit qu'au lieu de répondre à la question du Mufti, il cherchait à reprendre le fil de son discours, on l'interrompit par des injures et des menaces, et il lui fut impossible de faire entendre sa voix. Mustafa, qui était derrière lui, lui dit en anglais : — Au nom d'Allah, dites-leur des mensonges; si vous ne leur dites pas que vous êtes musulman, nous périrons tous trois.

— Par pitié, mon maître, sauvez-nous! lui dit aussi Stasso; ces démons vont nous mettre en pièces.

Osmond vit que tous ses efforts étaient inutiles, que le moment qui devait décider de sa destinée était arrivé, et il n'hésita pas un instant sur ce qu'il devait faire. Il étendit le bras pour demander le silence, et toutes les bouches se turent, quoique toutes les physionomies conservassent leur expression de haine et de fureur. Les traits du mufti respiraient le courroux; le pacha seul regardait Osmond avec un air d'admiration; le vieux derviche cessa de remuer les lèvres pour murmurer tout bas des versets du Coran et jeta un regard farouche sur le jeune Anglais.

— Vous me demandez, dit Osmond au mufti,

si je reconnais que la foi mahométane est la seule véritable, je vous réponds : Je ne la reconnais pas et je la crois fausse.

A peine eut-il prononcé ces paroles, qu'il éclata une scène qu'il est impossible de bien décrire et à laquelle on ne peut trouver aucune comparaison. Les Turcs, ordinairement si calmes et si tranquilles, semblèrent se métamorphoser en démons infernaux; leurs yeux étincelèrent de rage, leurs imprécations redoublèrent et leurs gestes annoncèrent qu'ils allaient se porter à quelque acte de violence. Le mufti se leva et s'écria d'une voix forte : —Musulmans! vous l'avez entendu! L'infidèle mérite la mort. Le vieux reclus de la montagne se leva à son tour et ouvrit la bouche pour la première fois. On fit un instant de silence pour l'écouter, et il s'écria d'une voix cassée, mais distincte :

—Mes enfans! au nom d'Allah! mort au *giaour!*

A ces mots, l'assemblée n'offrit plus qu'une scène de confusion. Tous les Turcs se levèrent à la fois; chacun voulait être le premier à se précipiter sur le Franc; et, dans leur empressement, ils se renversaient les uns les autres, s'arrachaient leurs turbans et les foulaient aux pieds. Ceux qui étaient les plus éloignés ôtèrent leurs babouches pour les jeter à la tête d'Osmond. Celui-ci vit le danger sans perdre son sang-froid, et quand enfin deux ou trois Turcs

mirent la main sur lui, il déploya toutes ses forces pour s'en débarrasser, courut près du mufti,
le saisit à la poitrine de la main gauche, et de
l'autre lui appuya sur la tête le bout d'un pistolet en criant à la foule, d'une voix de ton-
nerre : — Faites un pas vers moi et je fais feu.
Ce trait de hardiesse lui réussit. Le mufti, tremblant pour sa vie, s'écria sur le champ :

—Arrêtez, mes amis! Au nom d'Allah! arrêtez!
Et les Turcs, grinçant les dents de fureur, s'arrêtèrent un instant dans l'espoir que leur victime ne leur échapperait pas et qu'ils s'en em-
pareraient par trahison; mais Osmond les
surveillait avec soin et menaçait toujours de son
pistolet le mufti épouvanté. Cependant il se rendit sans résistance quand le pacha, qui, pendant
toute cette scène, avait conservé un air impassible, ordonna à ses gardes de le conduire en
prison avec Mustafa et Stasso, favorisant ainsi
leur retraite et les mettant, pour le moment, à
l'abri de tout danger.

Le pacha avait déjà résolu *in petto* de contre-
carrer les projets formés par le mufti contre les
jours d'Osmond; car, comme nous l'avons déjà
dit, il ne partageait pas l'enthousiasme fanatique des Turcs. Le courage que le jeune Anglais
venait de montrer le confirma dans cette résolution en augmentant l'admiration qu'il lui avait
inspirée; mais, tout en voulant le mettre à l'a-

bri de la fureur de ces énergumènes, il sentit qu'il ne pouvait, en ce moment d'exaltation des esprits, épouser ouvertement sa cause, et ce fut pourquoi il ordonna qu'on le conduisît avec ses deux serviteurs dans la prison dont nous avons déjà parlé, et dont la fenêtre donnait sur la cour du palais du pacha; ce qui fut fait au milieu des cris et des imprécations de la foule courroucée.

Lorsqu'ils y eurent été enfermés, le premier mouvement d'Osmond fut de rendre grâce au Ciel du répit qu'il venait d'obtenir; celui de Mustafa fut de verser la fiole de sa colère sur la tête de son maître. — Suis-je un âne, s'écria-t-il, pour que vous refusiez d'écouter mes conseils? Ne vous avais-je pas dit que ces gens-là étaient des diables et non des hommes? Ils s'embarrassent bien de vos beaux discours, de vos Ismaël et Abraham, de la Chine et des aigles romaines! Avant que vous ayez parlé, ils vous regardaient déjà comme dévoué à l'enfer; croyez-vous qu'ils changent d'avis après vous avoir entendu? Non. Un *giaour* parlerait avec la langue d'un ange qu'il n'en serait pas moins un *giaour*. Allah! Allah! puisse le Ciel nous préserver d'une autre scène semblable! Nous leur avons échappé pour cette fois; mais, si vous faites encore quelque folie semblable, nous ne leur échapperons pas une seconde.

Pendant ce temps, Osmond examinait sa prison. Elle ressemblait à une écurie plutôt qu'à une chambre; elle n'avait d'autre plancher que la terre; le plafond en était fort bas et festonné de toiles d'araignée. D'un côté, une fenêtre, garnie d'une grille de fer, donnait sur la cour, de manière que les prisonniers pouvaient voir tous ceux qui entraient ou qui sortaient; de l'autre, une porte, fermée par une mauvaise serrure, donnait sur un passage qui conduisait dans une des rues de la ville. Ils étaient exposés aux regards de quiconque voulait s'approcher de la grille; et presque à chaque instant ils étaient assaillis par une volée d'imprécations et de malédictions. Il ne leur aurait pas été bien difficile de forcer la porte et de sortir de prison; mais il était probable que des gardes veillaient sur eux, et quand même ils tromperaient leur vigilance ou viendraient à bout de les désarmer, où pourraient-ils se réfugier, sans amis, sans secours et entourés d'ennemis? Le plus sage était donc de ne pas risquer une tentative désespérée, de laisser à la tempête le temps de se calmer, d'attendre les événemens et d'espérer qu'ils trouveraient quelque occasion de regagner leur liberté.

[illegible]

[illegible]

[illegible]

[illegible]

CHAPITRE XIII.

> Monté sur mon abjer efflanqué, je re-
> pousse les chevaux de mes ennemis et
> les fais plier sur leurs hanches. Mon sabre
> est mon père, et le javelot que je tiens
> à la main est mon oncle.
>
> ANTAR.

Dès que les prisonniers furent sortis du *medresseh*, l'assemblée se sépara et chacun retourna chez soi. Le pacha rentra dans son palais, le mufti regagna sa maison, le saint en
guenille reprit le chemin de sa montagne et Suleiman aga alla fumer une pipe dans son
harem.

Zabetta avait été fort affairée pendant tout ce
temps, car elle voulait s'assurer du destin d'Osmond d'où dépendaient ses projets futurs. Elle
avait monté d'abord sur la terrasse d'une mai-

son voisine du *medresseh*, et, ne s'y trouvant pas assez bien placée, elle en était descendue pour monter dans la galerie du minaret d'une mosquée qui dominait complètement le lieu de l'assemblée. De là elle entendit les cris de fureur qui la terminèrent, et elle crut qu'Osmond n'en sortirait pas vivant; mais, quand elle l'eut vu reconduire en prison, elle retourna chez elle. Ayesha, non moins inquiète que sa mère, quoique par des motifs bien différens, ne se hasarda pas à sortir; elle redoutait le résultat de la controverse qui allait avoir lieu; elle connaissait le caractère inflexible de son amant et elle savait qu'aucun danger, aucune menace, pas même la mort, ne le feraient renoncer à ses principes. Elle connaissait aussi le fanatisme féroce de ses compatriotes, et elle ne doutait pas qu'ils ne fermassent l'oreille à tous les argumens qu'Osmond pourrait employer. Elle s'attendait donc à apprendre à chaque instant la nouvelle de la mort d'Osmond. L'agitation de son esprit ne permettant pas à son corps de rester en repos, elle ne faisait que se promener dans son appartement, s'arrêter derrière les jalousies de ses croisées, monter sur la terrasse et redescendre dans sa chambre; le moindre bruit la faisait tressaillir; elle priait et pleurait tour à tour, mais aucune lueur d'espoir ne soulageait ses craintes.

Enfin elle entendit la porte de la maison s'ouvrir et se fermer, et elle reconnut sur l'escalier les pas de sa mère ; elle aurait couru à sa rencontre, mais ses genoux fléchirent et elle fut obligée de s'asseoir sur l'ottomane. — Vit-il ? furent les seuls mots qu'elle put prononcer, quand Zabetta arriva.

— Il vit, répondit sa mère, les chiens ne l'ont pas encore tué. La joie que cette nouvelle inattendue fit éprouver à Ayesha lui ôta la respiration ; elle tomba presque sans connaissance et elle ne fut soulagée que par les larmes qu'elle versa en abondance. Toute autre mère que Zabetta n'aurait songé en ce moment qu'à donner des soins et des secours à sa fille ; mais elle n'avait l'esprit occupé que de ses projets, et, l'abandonnant à Nourzadeh, elle se retira pour aller rêver aux moyens de les exécuter.

Nous avons déjà dit que Suleiman aga était un musulman fanatique ; il avait écouté tout ce qu'Osmond avait dit dans le *medresseh* avec la résolution bien prise de ne pas céder à un seul de ses argumens. Cependant il fut d'abord charmé du ton de modération du commencement de son discours ; il en tira un augure favorable pour la conversion de son gendre futur, et il espéra pouvoir porter de bonnes nouvelles à sa chère Ayesha. Mais quand Osmond eut déclaré que la foi mahométane était fausse et qu'il n'y croyait pas, il perdit son calme habituel, il oublia Ayesha et devint un des acteurs les plus violens de la scène tumultueuse qui suivit, demandant à grands cris qu'on mît à mort le *giaour* sur le champ, et y excitant tous ceux qui l'entouraient.

Lorsqu'il fut de retour chez lui, sa fureur avait eu le temps de se modérer et il allait chercher à reprendre tout son sang-froid en fumant une pipe, quand il fut frappé de l'air languissant et abattu d'Ayesha; elle avait appris de Nourzadeh, qui avait accompagné sa mère, le détail de tout ce qui s'était passé, et elle en concluait que la mort de son amant n'était que différée. Quand elle vit entrer son père, elle voulut se retirer; mais, malgré toute son intolérance, il avait un bon cœur, et il la retint en lui disant avec un ton d'affection : — Qu'avez-vous, ma chère Ayesha ? Qu'est-il donc arrivé ?

— Vous savez ce qui est arrrivé, s'écria Ayesha en sanglotant.

— *Allah kerim*, Dieu est miséricordieux! dit Suleiman en soupirant. Le *giaour* est fou. Que puis-je faire ?

— Vous pouvez lui sauver la vie, s'écria Ayesha. Qu'on lui rende la liberté, qu'on lui permette de partir. Comme vous aimez Allah, comme vous obéissez à ses saints décrets, comme

vous êtes un fidèle serviteur du prophète, vous
ne devez pas souffrir que le sang d'un homme
innocent crie contre votre maison. Après tout,
c'est à vous qu'il appartient de parler dans cette
affaire. Allez trouver le pacha, allez trouver le
mufti; insistez pour qu'ils remettent le Franc en
liberté et qu'ils permettent son départ.

Suleiman, qui venait de déployer tant d'activité en excitant ses concitoyens à exercer une
vengeance sommaire contre l'infidèle, garda le
silence, se trouvant dans le même embarras
qu'un voyageur qui rencontre deux routes et
qui ne sait laquelle il doit suivre. Ne sachant ce
qu'il devait dire ni ce qu'il devait faire, le seul
parti qu'il pût prendre dans cet état d'indéci-
sion fut de se soustraire pour le moment aux sollicitations de sa fille; il se leva donc tout à coup,
et, tout en prononçant l'éternel *bakalum*, nous
verrons, il se retira à la hâte dans son appartement.

Pendant ce temps, le pacha, qui avait quelquefois des idées lumineuses, surtout quand il
s'agissait de contrarier le mufti et les prêtres,
fit proclamer dans toute la ville qu'il donnerait
au peuple le lendemain un grand divertissement
qui commencerait par des luttes auxquelles suc-
céderaient des combats de chameaux, et qui se
terminerait par le *dgérid*. Il savait que toutes
les classes du peuple étaient passionnées pour

ce genre d'amusement, et c'était un moyen infaillible de calmer l'agitation générale. La fête
devait avoir lieu dans la cour de son palais ; et
il en fit faire les préparatifs avec toute la splendeur ordinaire en pareil cas en Turquie. Il avait
à son service les lutteurs les plus vigoureux et
les plus adroits ; ses chameaux étaient les meilleurs de toute l'Asie, et l'on aurait eu peine à
trouver dans le Kourdistan des chevaux et des
cavaliers qu'on pût comparer aux siens. Dès
qu'on eut appris les intentions du pacha, tous les
agas des environs montèrent sur leurs meilleurs
coursiers et se dirigèrent vers la ville, chacun
avec une escorte, et tous remplis du désir de se
signaler au *dgérid*.

Le lendemain matin, la ville offrait le tableau
le plus animé. De petites troupes de cavaliers
arrivaient à chaque instant, mettaient leurs chevaux aux piquets et entraient aux cafés pour s'y
reposer en fumant et y attendre l'heure de la fête.
Les femmes se placèrent sur les terrasses des
maisons d'où l'on pouvait apercevoir la cour du
palais du pacha; elles étaient couvertes de leurs
grands voiles blancs et ressemblaient à des spec-
tres plutôt qu'à ce que nous appelons la plus
belle moitié du genre humain. Mais, si l'on ne
pouvait voir leurs charmes, leurs langues se faisaient entendre et prouvaient que, même en
Turquie, elles ne restent pas oisives. On avait

élevé une plateforme à l'extrémité supérieure de
la cour, et on l'avait couverte de tapis et de coussins pour les étrangers les plus distingués; le
kiosque était destiné au pacha, au mufti et aux
principaux personnages de la ville. Dès que la
prière de midi fut terminée, on commença à se
rassembler, et presque toute la population de
Kars se montra sur les murailles, sur les toits
des maisons et des mosquées, en un mot sur tous
les lieux élevés qui dominaient la cour du palais,
qui était assez grande pour que deux régimens
de cavalerie eussent pu y manœuvrer facilement.
Enfin le pacha, suivi des grands dignitaires, prit
place dans le kiosque et donna le signal pour le
commencement de la fête. Des lutteurs assez mé-
diocres parurent d'abord et furent remplacés
par d'autres plus habiles; enfin le *pehlivan bashi*,
le géant nègre, entra dans l'arène et renversa
tous ceux qui se présentèrent contre lui, avec
une facilité qui ôtait presque tout intérêt au combat. Quelques cris se firent entendre: — *Giaour!*
haniah giaour! Le giaour! où est le giaour! Le
pacha aurait volontiers cédé à cette demande
qui était faite par quelques ennemis du nègre,
car il aurait été curieux de le voir lutter contre
Osmond; mais il craignit que le jeune Franc ne
refusât de se donner ainsi en spectacle, ou que
sa présence ne réveillât la fureur du fanatisme et
ne mît fin aux divertissemens.

Aux luttes succédèrent les combats de chameaux. Ces animaux, ordinairement si paisibles,
se mettent aisément en fureur à certaines époques
de l'année, et alors, quand deux mâles se trouvent en face, ils s'attaquent avec une violence et
une animosité sans exemple. A un ordre donné
par le pacha, on amena dans la cour un magnifique chameau dont la bouche était couverte
d'écume et dont la langue faisait des évolutions
curieuses. Il était conduit par deux hommes
dont la force suffisait à peine pour retenir son
impétuosité; il portait une selle de drap vert,
jaune et cramoisi; sa bride était ornée de pierre-
ries, et le haut de ses jambes était entouré de
cercles d'or. Ce bel animal n'avait plus cet air
de patience et de tranquillité qui est particulier
à sa race; il semblait avoir changé de nature; il
redressait la tête et le cou; ses yeux étincelaient,
et, du moment qu'il aperçut un rival à l'autre
bout de la cour, il devint presque impossible de
retenir sa fureur.

A un nouveau signal que donna le pacha, on
lâcha les rênes aux deux chameaux et ils s'élan-
cèrent l'un contre l'autre : leur manière de s'attaquer ressemble beaucoup à celle des lutteurs.
Leur morsure est terrible : mais, comme on les
avait muselés, ils ne pouvaient se faire de mal de
cette manière. Ils se servaient de leurs longs cous
et de leurs jambes avec beaucoup de dextérité

pour se renverser réciproquement, tantôt avançant, tantôt reculant avec les contorsions les
plus singulières. Les Turcs paraissaient prendre
un grand intérêt au résultat de ce combat; ils
songeaient à peine à fumer; ils se proposaient des
gageures, ils semblaient avoir changé de nature
comme les animaux qui combattaient, et il y en
eut qui parlèrent dans cette journée plus qu'ils
ne le faisaient pendant une année entière. Enfin
la victoire se déclara pour le chameau du pacha
qui renversa son antagoniste au milieu des exclamations *mashallah!* et *bismillah!*

Les combats de chameaux durèrent jusqu'à
ce que le soleil commençât à baisser vers l'horizon, et alors on se prépara pour le dgérid. Quiconque à vu ce spectacle en Turquie conviendra
certainement que c'est l'exercice militaire le plus
noble qu'on puisse imaginer, attendu qu'il exige
plus qu'aucun autre de la force, de l'adresse et
de l'agilité, et qu'il développe toutes les qualités
du coursier et du cavalier. Deux troupes d'hommes à cheval se rangent en face l'une de l'autre, à
une distance convenable, et s'attaquent ensuite
avec des javelots à pointe émoussée de la grosseur
du doigt et d'environ cinq pieds de longueur.
Ils se les lancent, en courant au grand galop,
presque avec autant de force et de justesse
qu'une flèche décochée par un arc. C'est ordinairement un combat singulier; car il arrive presque

toujours que les deux adversaires se choisissent; ils se poursuivent et s'enfuient tour à tour, et ce divertissement finit rarement sans quelques blessures sérieuses.

Osmond, Mustafa et Stasso, pour faire diversion à l'ennui de leur détention, s'étaient placés à la fenêtre grillée de leur prison qui donnait sur la cour, et regardaient ce spectacle qui était nouveau pour le jeune Anglais. Une vieille femme, que Stasso reconnut pour être Caterina, s'en approcha peu à peu, y jeta furtivement un morceau de papier et se retira sur le champ. Osmond le ramassa et y lut ces mots : — Fuyez, ou votre mort est certaine. Qu'Allah vous protége! Il tressaillit de plaisir en lisant ce billet, car il ne pouvait douter qu'il ne lui fût envoyé par Ayesha; quel autre cœur dans Kars pouvait prendre intérêt à son sort? Mais cet avis était plus facile à donner qu'à suivre; et il se mit à se promener dans sa prison, réfléchissant à ce qu'il pouvait faire pour éviter le destin qui lui était annoncé et qui ne lui paraissait que trop probable.

Le dgérid commençait en ce moment. On voyait ranger, d'un côté, des officiers et des gardes du pacha, montés sur de superbes chevaux richement caparaçonnés; et, de l'autre, des Kourdes, des habitans de la plaine et quelques agas des environs. Pendant qu'ils se préparaient à la charge, on vit le pacha lui-même venir se placer parmi les combattans; il avait quitté sa lourde pelisse fourrée pour y substituer un léger vêtement de soie qui lui serrait la taille; sa tête était entourée d'un beau châle en guise de turban, et il portait un immense *shalwar* de drap dont les plis tombaient sur ses chevilles; il montait un vigoureux cheval turcoman parfaitement dressé à cet exercice, et qui était remarquable au milieu de tous les autres par l'éclat de ses harnais brillant d'or et de broderie. Le pacha était excellent cavalier, et la manière dont il maniait son javelot annonçait qu'il était le plus redoutable de tous les combattans rassemblés. Ce fut lui qui lança le premier javelot, et, à ce signal, les deux masses s'ébranlèrent lentement. Un cavalier se détacha de la troupe du pacha, s'élança vers les Kourdes et lança son javelot à celui d'entre eux qui était le plus avancé. Tournant alors tout à coup, il s'enfuit au grand galop, poursuivi par l'antagoniste qu'il avait choisi qui lui lança à son tour son javelot avec toute la force et la dextérité dont il était capable. Le cavalier qui se retirait avait la tête tournée en arrière, et s'apprêtait soit à saisir avec sa main le javelot lancé contre lui lorsqu'il arriverait, soit à se courber sur le dos de son cheval pour éviter d'en être atteint. A l'instant même, il faisait tourner son cheval et poursuivait de

nouveau celui qui venait de le poursuivre, ce
qu'ils continuaient à faire alternativement jusqu'à ce qu'ils eussent épuisé leurs javelots ; alors
ils en ramassaient par terre à l'aide d'un bâton
garni d'un fer recourbé dont chacun d'eux
était muni, ou des valets chargés de ce service leur en remettaient d'autres. Ces combats
singuliers se multiplièrent au point que, quoique deux combattans seulement fussent aux
prises ensemble, la mêlée semblait être générale
et présentait le tableau animé d'une véritable
bataille. De temps en temps, le pacha choisis-
sait dans le parti qui était opposé quelque cavalier qui se faisait remarquer par sa force et son
adresse, lui faisait l'honneur de lui lancer son
javelot et il manquait rarement de toucher son
but.

Parmi ceux que le pacha distingua ainsi était
un cavalier kourde magnifiquement vêtu. L'immense turban de soie de diverses couleurs enfoncé sur ses sourcils, et d'énormes moustaches
retroussées à la hauteur de ses yeux, faisaient
qu'on pouvait à peine discerner ses traits. Il
montait un cheval qui aurait pu disputer à celui
du pacha le prix de la beauté et qui lui était supérieur en agilité. Ce coursier était noir comme
le jais, couleur assez rare dans ces contrées et
qui n'y est pas très-estimée parce qu'on suppose
qu'elle annonce un cheval rétif et vicieux ; mais

celui-ci donnait un démenti complet à cette opinion reçue parmi les Asiatiques, car il montrait une docilité parfaite et il obéissait avec sagacité au moindre mouvement de la bride. Son cavalier n'était pas de grande taille, mais il était nerveux et bien fait, et il s'était fait admirer de tous les spectateurs par sa dextérité dans toutes les manœuvres de l'équitation. Le pacha l'avait poursuivi deux fois, et deux fois il lui avait lancé son javelot sans réussir à l'atteindre. En se retirant pour la seconde fois devant le pacha, il passa près de la fenêtre de la prison d'Osmond et s'y arrêta un instant pour ramasser un de ses javelots.

Stasso y était seul en ce moment; il n'avait pas quitté la croisée depuis le commencement du dgérid, et il aurait donné tout au monde pour pouvoir être de la partie. Il avait particulièrement admiré la prouesse et la dextérité de ce cavalier kourde, et il lui avait même semblé qu'il l'avait déjà vu : il crut qu'il se trompait. Le cercle de ses connaissances ne comprenait guère que des guides, des muletiers et quelques tatars. Où pouvait-il avoir vu un homme qui, d'après son costume splendide et l'excellent coursier qu'il montait, lui paraissait devoir être un pacha kourde? La chose était impossible. Cependant, quand il le vit de près et que ce cavalier s'arrêta pour ramasser un javelot, tous ses doutes disparurent et il reconnut en lui son ancien ami Hassan, le *surugi*, à qui son maître avait sauvé la vie. Sans perdre un instant à réfléchir sur le changement survenu en lui, il s'écria à la hâte et à voix haute : — Hassan aga! Hassan aga! *bak*, regardez! Le Kourde parut mécontent d'avoir été reconnu, fronça les sourcils et allait s'éloigner sans lui répondre, quand ses yeux, ayant rencontré ceux de Stasso, il le reconnut à son tour.

— *Ne oldou*, qu'est-il arrivé? lui demanda-t-il, surpris de voir un homme qu'il croyait devoir être alors bien loin de Kars. Stasso lui répondit en baissant la voix :

— Quand nous nous sommes séparés, vous m'avez dit que si jamais nous avions besoin de vos services, nous pourrions nous adresser à vous. Si vous êtes homme, Hassan aga, exécutez votre promesse et tirez mon maître de cette prison. Le Kourde l'écouta avec attention, mit un doigt sur sa bouche pour lui enjoindre le silence, et, lâchant la bride de son cheval, se rejeta dans la mêlée. Stasso continua à suivre des yeux tous ses mouvemens; mais, à son grand désappointement, il vit que le Kourde semblait être entièrement occupé du dgérid et ne plus songer à ce qu'il lui avait dit.

Cependant le pacha était piqué d'avoir échoué dans les deux tentatives qu'il avait faites pour

frapper de son javelot le cavalier le plus remarquable qui se trouvàt dans les rangs opposés,
et il avait résolu d'en faire une troisième. Le
voyant en ce moment traverser la cour pour
rejoindre ses compagnons, il le poursuivit en
criant : — Y Allah! agam! Au nom d'Allah, seigneur! Hassàn accéléra la course de son cheval
et se laissa tomber sous le ventre du noble coursier, n'étant retenu que par une main qui tenait
sa crinière et par un pied passé dans le large
étrier, de sorte que le javelot du pacha passa encore, sans le toucher, au dessus de la tête de son
cheval. En un clin-d'œil Hassan se remit en selle
et poursuivit à son tour le pacha qui se retira,
suivant les règles de ce divertissement militaire.
Le respect dû au rang du pacha avait fait que
jusqu'alors aucun de ceux qu'il avait attaqués
ne l'avait attaqué à son tour; mais, pour cette
fois, soit qu'il fût piqué de l'espèce d'acharnement que le pacha mettait à le poursuivre, soit
qu'il eût quelque autre vue secrète, Hassan lui
lança son javelot qui le frappa entre les deux épaules avec une telle force, qu'il s'éleva en l'air
comme une fusée volante, et, continuant à courir dans la même direction, il le saisit avec la
main avant qu'il fût retombé par terre. Ce trait
de dextérité frappa d'admiration tous les spectateurs et l'on entendit crier de toutes parts : —
Aferin! aferin! bravo! bravo!

. Le pacha, mortifié tant du coup qu'il avait reçu que des applaudissemens donnés à son adversaire, fut transporté de courroux ; il se regarda comme insulté, et ce qui lui inspirait le plus de dépit c'était de voir qu'il avait trouvé un antagoniste plus habile et plus adroit que lui et que cet antagoniste était un Kourde, peuple que les Turcs affectent de mépriser. Il poursuivit Hassan avec fureur ; ses officiers, partageant son ressentiment, le suivirent, et il en résulta une attaque générale contre le parti opposé. Les Kourdes se mirent en défense, et le divertissement devint un véritable combat. Les javelots pleuvaient comme la grêle ; les Turcs criaient : — Pourceaux de Kourdes ! enfans du diable ! et ceux-ci répondaient : — Anes à longues barbes ! bourbier d'Omar [1] ! Enfin un Turc renversa un Kourde ; celui-ci, en tombant, tua le Turc d'un coup de pistolet. Au même instant on cria des deux côtés : — Le sabre à la main ! et alors s'établit une de ces scènes de carnage qui terminent quelquefois cette espèce de tournoi.

[1] Les Turcs reconnaissent Omar pour successeur légitime du prophète ; les Persans et les Kourdes donnent cette qualité à Ali. (*Note du Trad.*)

CHAPITRE XIV

S'arrachant les cheveux, cédant à ses alarmes,
Florence s'écria : — Mon amant! mon époux!
Sire Charle à ses cris répondit par des larmes.

CHATTERTON.

LE combat continuait avec un acharnement
sans égal et les combattans poussaient des cris
si furieux, qu'ils interrompirent la suite des réflexions que faisait naître dans l'esprit d'Osmond
le billet qu'il avait reçu d'Ayesha. Il s'approcha
de la fenêtre, et Stasso, lui montrant Hassan,
lui raconta ce qui venait de se passer entre eux.
Cette circonstance offrit à Osmond une lueur
d'espoir; mais Stasso, secouant la tête, ajouta:
— C'est un démon! Tous les Kourdes sont des

démons ; je ne l'ai pas perdu de vue depuis qu'il m'a quitté, et je vois que le vent a emporté mes paroles : il n'y songe plus.

Mustafa, qui avait écouté ce que Stasso venait de dire, ne voulut pas perdre cette occasion d'exprimer son mépris pour les Kourdes en général et pour Hassan en particulier. — Que pouvez-vous attendre d'un pareil fourbe ? s'écria-t-il ; vous verrez qu'il n'a voulu que rire à notre barbe. Tous les Kourdes sont nés sur le même fumier ; puissent leurs pères et leurs mères être vendus et achetés ! Si vous avez besoin d'un chien, vous n'avez qu'à prendre le premier Kourde que vous trouverez.

La confusion et le tumulte étaient à leur comble dans la cour quand Stasso entendit frapper à la porte de la prison ; il y courut sur le champ et il entendit ses mots : — *Atch*, ouvrez la porte ! enfoncez-la ! Je suis votre ami, des chevaux sont prêts, brisez la porte et vous êtes libres.

Ces mots furent comme un talisman pour les trois prisonniers. Osmond tressaillit de joie ; Mustafa garda le silence et resta immobile, craignant quelque trahison, et Stasso, ayant trouvé une grosse pierre dans un coin de la prison, se mit à en battre la serrure de toutes ses forces, certain que le bruit qu'il faisait ne pouvait s'entendre au milieu des cris effrayans qu'on poussait dans la cour. Nous avons déjà dit que la serrure n'était pas très-forte, et elle céda au bout de quelques secondes. Les prisonniers étaient curieux de voir leur libérateur qui leur prouva sa bonne volonté en arrachant la porte de dessus ses gonds dès que la serrure fut tombée; mais, à leur grande surprise, ce n'était pas Hassan comme ils s'y attendaient; c'était un étranger portant le costume kourde et qui, sans leur parler, leur fit signe de le suivre. Avant de partir, Osmond jeta un coup d'œil à la croisée et vit, au plus fort de la mêlée, Hassan qui combattait avec la vigueur et le courage d'un Rustan, sans avoir l'air de songer le moins du monde à ce que Stasso lui avait dit. Cette vue le porta d'abord à concevoir quelques soupçons; mais, réfléchissant qu'un ami, seul, pouvait s'être employé pour le tirer de prison, il suivit le Kourde sans hésiter, et Stasso en fit autant ainsi que Mustafa, quoique celui-ci conservât un air de méfiance.

Leur guide mystérieux les fit passer par le corridor étroit sur lequel donnait la porte de leur prison, et en sortant ils trouvèrent quatre chevaux couverts de sueur, ce qui prouvait qu'ils avaient déjà fait un service fatigant. Le Kourde en monta un et fit signe aux prisonniers de monter les trois autres, ce qu'ils firent à 'instant même. Ils traversèrent alors les rues de la ville, mais seulement au petit trot, pour ne pas avoir l'air de fuir. Ils auraient pu se dispenser de prendre cette précaution, car les rues étaient entièrement désertes, et ceux des habitans qui étaient restés chez eux pour garder leurs maisons en étaient sortis pour aller s'informer de la cause du tumulte qui retentissait dans toute la ville.

Ils ne trouvèrent donc aucune difficulté à sortir de Kars. Leur guide alors prit un sentier conduisant à des montagnes voisines; et, prenant le galop, ils arrivèrent bientôt à un bâtiment en ruines, restes d'une de ces églises arméniennes dont on trouve un si grand nombre dans cette partie de l'Asie; là il leur dit qu'il fallait attendre l'arrivée de son chef, Hassan aga. Ils mirent pied à terre et le Kourde attacha à la tête des chevaux le sac de provende dont ils sont toujours chargés. Stasso pensa qu'il était possible de profiter de ce délai; il avait vu que, dans la confusion qui régnait, il était facile de traverser les rues de Kars sans aucun danger, et il demanda à son maître la permission d'y retourner pour aller prendre les armes qu'il avait cachées chez le teinturier et qui pouvaient être pour eux un objet de première nécessité, ainsi que les autres effets qui leur étaient le plus indispensables. Osmond y consentit après avoir hésité un instant. Stasso monta à cheval sur le

champ, et il partait déjà quand il entendit la
voix de son maître qui le rappelait.

Depuis qu'Osmond avait reçu dans sa prison
le billet d'Ayesha, il avait éprouvé le violent désir
de la revoir un instant et de lui faire ses adieux,
peut-être pour toujours. Ce désir redoubla de
force quand il vit Stasso partir; et, oubliant toute
considération de prudence, il résolut de l'accompagner. Mustafa et le guide, en l'entendant
demander son cheval, lui firent des remontrances pour le détourner de cet acte de témérité;
mais ils ne purent y réussir. Tout ce que put
faire le Kourde fut de lui recommander de revenir sans délai, attendu qu'Hassan aga pouvait
arriver à chaque instant, et que leur sûreté à
tous dépendait d'une prompte retraite des environs de Kars.

Osmond et Stasso ne tardèrent pas à arriver
à la porte de la maison du teinturier, et le bon
Arménien fut saisi d'étonnement en les voyant
entrer. Bogos s'était abstenu d'assister à la fête
donnée par le pacha; car il savait combien il
était dangereux aux chrétiens de se montrer
dans une réunion nombreuse de musulmans,
surtout quand il y avait la moindre chance
qu'elle se terminât par une querelle; et, ayant
appris qu'un engagement avait eu lieu, il ne s'en
était que plus soigneusement tenu renfermé
chez lui. Ayant reconnu ses hôtes par une fe-

nêtre, il les fit entrer, attacha leurs chevaux dans sa cour et offrit à Osmond des rafraîchissemens. Osmond le remercia et lui dit qu'ils ne pouvaient rester qu'un instant et qu'il y allait de leur vie. Stasso gagna le cabinet où il avait caché les armes et quelques effets appartenant à son maître, et Osmond monta sur la terrasse.

Lorsqu'il fut sur l'escalier qui y conduisait, son cœur battait à un tel point, que les palpitations en étaient pénibles. Il s'arrêta avant de monter la dernière marche; il regarda autour de lui et il entendit le bruit du combat qui durait encore dans la cour du pacha. Il avança de quelques pas sur la terrasse de Suleiman, et la première chose qu'il aperçut fut un tapis qui y était étendu, ce qui le porta à espérer qu'Ayesha ne tarderait pas à paraître. Après tous les maux qu'il avait éprouvés, il pouvait à peine croire qu'il fût si près de jouir d'un tel bonheur. Divers objets qui étaient encore sur la terrasse lui prouvèrent qu'Ayesha y avait déjà passé quelque temps; des coussins sur lesquels elle s'était appuyée; le grand voile blanc dont les femmes mahométanes se couvrent quand elles prenent l'air sur leur terrasse; un mouchoir de batiste; il le prit et il vit qu'il ne ressemblait pas à ceux dont on se sert en Turquie; il était évidemment de manufacture européenne; il avait même été marqué, mais on ne pouvait plus distinguer les lettres. Pendant qu'il se perdait dans une foule de conjectures, il entendit un pas léger sur l'escalier qui conduisait de la maison de Suleiman sur la terrasse. Quelle fut sa joie quand, un moment après, il vit paraître Ayesha! Elle poussa un cri en l'apercevant; une pâleur mortelle couvrit ses joues; elle chancela, mais le bras d'Osmond la soutint. Osmond lui apprit en peu de mots comment il avait été délivré de prison et de quelle manière il était revenu dans la ville dans l'espoir de la voir un instant. L'amour le plus tendre brillait dans les yeux d'Ayesha et ajoutait un nouveau charme à sa beauté; mais l'inquiétude troubla bientôt la joie qu'elle avait de revoir son amant; elle sentait le danger qu'il courait, et, au lieu de jouir de sa présence, elle semblait impatiente de le voir partir. Osmond fit tout ce qui était en son pouvoir pour calmer ses craintes et la conjura de l'écouter. Il ne savait, lui dit-il, ce que l'avenir lui réservait; mais, ce dont il était certain c'est qu'il ne vivrait que dans l'espoir d'être un jour réuni à elle pour ne plus la quitter. Il était convaincu qu'il y avait un mystère dans la situation où elle se trouvait. Il lui parla du mouchoir qu'il venait de voir et qui confirmait les soupçons que lui avaient inspirés la bague et les pièces d'or anglaises attachées à son collier.

Ayesha l'écoutait avec le plus vif intérêt,

quoique agitée par mille craintes pour la sûreté
de son amant; mais ils furent bientôt interrom-
pus par le fidèle Stasso qui, dès qu'il eut trouvé
les objets qu'il cherchait, vint à la hâte presser son maître de ne pas perdre un instant, le
moindre délai pouvant causer leur perte. Osmond passa ses pistolets dans sa ceinture, attacha son sabre à son côté et lui ordonna d'aller
préparer les chevaux, en l'assurant qu'il descen-
drait dans un instant. Stasso obéit et se retira
en secouant la tête, craignant que cet instant
ne durât un siècle. Osmond reprit sa conversation avec Ayesha qui, de son côté, lui fit vœu
d'une constance éternelle; mais, comme les
vœux et les discours des amans sont probablement les mêmes dans toutes les parties du
monde, nous nous dispenserons de rendre un
compte plus détaillé de leur entretien. Il avait
pour eux tant de douceurs, qu'ils oubliaient la
crainte aussi bien que le danger, quand ils entendirent tout à coup, à quelque distance, le
bruit de plusieurs chevaux qui galopaient, de
grands cris et quelques coups de feu. Osmond
avança la tête sur le parapet de la terrasse, et
vit entrer dans la rue Hassan, son ancien surugi, courant au grand galop et poursuivi par
des cavaliers du pacha qui se montrèrent bientôt
après lui et qui couraient aussi à toute bride.
Il reconnut sur le champ qu'il commettait une

imprudence s'il restait plus long-temps, et il s'arma de tout son courage pour faire ses adieux à Ayesha. Elle sentait encore mieux que lui la nécessité de son départ, et, tout en versant des larmes de tendresse; elle l'entraîna à la hâte vers l'escalier de la terrasse de l'Arménien. Osmond cherchait ce qu'il pourrait lui laisser pour gage de son amour, et il lui présenta une bague turque sur laquelle était gravé son nom, c'est-à-dire Osman, prononciation qu'on lui donnait en Turquie. Il la pria de la conserver avec soin et de la lui remettre quand il plairait au Ciel de les réunir. Un nouveau coup de feu tiré sous les murs de la terrasse détermina enfin son départ; car Ayesha s'arracha de ses bras et rentra chez elle à la hâte pour le décider à s'éloigner.

Osmond descendit l'escalier précipitamment, prit congé de son hôte en passant, monta à cheval et entra hardiment dans la rue, suivi de Stasso. Il se trouva précisément au milieu des cavaliers du pacha qui poursuivaient Hassan; mais, comme il portait le même costume qu'eux, ils ne firent pas attention à lui et crurent qu'il poursuivait comme eux le chef kourde. Il sortit de la ville avec eux, et quand ils furent dans la plaine, il aperçut Hassan à quelque distance; mais il vit avec consternation que trois cavaliers turcs, mieux montés que leurs compagnons,

avaient l'avance sur les autres, et qu'il était probable qu'ils atteindraient leur victime.

Le cheval qu'il montait, quoique fatigué, était
vigoureux et plein d'ardeur, et Osmond rejoi-
gnit les trois Turcs à l'instant où ils se croyaient
sûrs de leur proie. Ils étaient à quelques pas les
uns les autres, et le moins avancé couchait Hassan en joue avec sa carabine, quand Osmond lui
donna sur le bras un coup de plat de sabre si
bien appliqué, que son arme lui échappa des
mains et tomba sur la tête de son cheval qui se
cabra et renversa son cavalier. Le second, qui
avait le bras étendu pour faire feu sur Hassan,
vit ce qui venait d'arriver à son camarade, reconnut Osmond et lâcha sur lui son coup de
pistolet : la balle traversa son turban sans le
toucher ; et ce cavalier, voyant Osmond prendre
un pistolet à sa ceinture, tourna la bride de son
cheval et s'enfuit vers la ville. Le troisième, qui
s'était retourné en entendant un coup de feu,
courut sur Osmond le sabre à la main ; celui-ci
para le coup avec beaucoup de dextérité, et du
revers de son sabre coupa la bride du cheval,
qui, devenu maître de ses mouvemens, reprit
au galop la route de Kars.

Pendant ce temps Hassan avait gagné du terrain, sans s'inquiéter de ce qui se passait derrière lui. Osmond, délivré des trois Turcs et
voyant Stasso en sûreté près de lui, fit tous ses

efforts pour le rejoindre.—Hassan aga! s'écria-t-il,
attendez-nous, pour l'amour du Ciel! — Hassan
aga! cria Stasso; arrêtez! c'est le Franc! Les Turcs
sont en fuite! Hassan jeta un regard en arrière,
mais, prenant ses deux amis pour des Turcs, il ne
ralentit pas la rapidité de sa course. Enfin Stasso
s'écria de toute la force de ses poumons : —
Hassan *surugi!* écoutez nous! Ce nom frappa
Hassan; il ne croyait pas que personne pût savoir qu'il avait jamais rempli les fonctions de
surugi, et il s'arrêta pour considérer celui qui
l'appelait ainsi. Il reconnut enfin Osmond et
Stasso, et sa physionomie brilla d'autant de joie
qu'il est possible à un Asiatique d'en montrer.

Ils furent bientôt réunis, et quand Hassan apprit que c'était Osmond qui, comme le prouvait
son turban percé d'une balle, venait de lui sauver une seconde fois la vie en mettant en fuite
les trois Turcs qui le serraient de si près, il
voulut descendre de cheval pour baiser le pan
de ses vêtemens; mais le jeune Anglais l'en em-
pêcha et lui dit qu'il ne croyait pas avoir encore
assez payé la liberté qu'il lui avait rendue, dans
un moment où il n'avait lui-même d'autre perspective que la mort. Ils se réunirent donc en
marche et continuèrent à courir aussi vite que
pouvaient le faire leurs montures épuisées; car
il était important qu'ils s'éloignassent promptement de Kars, le pacha pouvant les faire pour-

suivre par des cavaliers montés sur des chevaux
frais. Ils se dirigèrent vers l'orient, en traversant
la plaine par des sentiers qu'Hassan et son compagnon connaissaient parfaitement; ils parlèrent
peu pendant cette course car ils étaient toujours
occupés à regarder derrière eux pour voir s'ils
n'étaient pas poursuivis. Comme ils étaient encore dans l'étendue du gouvernement du pacha, ils continuèrent leur route, dès qu'ils eurent rejoint le Kourde et Mustafa, sans donner
un instant de repos à leurs chevaux; ils évi-
taient avec grand soin tous les lieux habités, et
ce ne fut que lorsque la nuit fut tombée qu'Hassan crut pouvoir sans danger envoyer son compagnon dans un village voisin pour s'y procurer
du grain pour leurs chevaux et de la nourriture
pour eux-mêmes. Ils l'attendirent à quelque
distance, et, lorsqu'il fut de retour, ils entrèrent dans un canton désert pour gagner une
caverne bien connue des maraudeurs kourdes,
et située dans les flancs d'une montagne aride
où Hassan avait résolu de passer la nuit.

Dès qu'ils y furent arrivés, ils mirent pied à
terre et ils commencèrent par rendre grâce au
Ciel, chacun à sa manière, de la protection qu'il
leur avait accordée. Ce devoir rempli, Hassan et
son compagnon prirent soin des chevaux,
les attachèrent au piquet et leur distribuèrent
la provende qui devait contribuer à les dé-

délasser de leur fatigue. Stasso alluma du feu, et, ayant coupé quelques pieux dans un buisson voisin, fabriqua une espèce de broche pour faire rôtir un morceau de chevreau qui devait composer leur souper avec quelques uns de ces pains d'un demi-pouce d'épaisseur qui sont d'un usage général dans cette contrée et dans toute la Perse. Mustafa se chargea du café; car les Kourdes en voyage portent toujours suspendu à leur selle tout ce qui est nécessaire pour préparer ce breuvage. Osmond, étendu sur une couverture de cheval, chercha à recueillir ses idées et à se former un plan de conduite pour l'avenir. Ayesha occupait toujours la première place dans ses pensées et elle entrait dans tous les projets qui s'offraient à son imagination; il ne pouvait poutant s'arrêter à aucun; car il ne savait pas encore où Hassan avait dessein de le conduire, et il avait résolu de se laisser guider entièrement par lui. Il aurait cru manquer à l'honneur et à la reconnaissance, s'il n'avait pas accordé toute sa confiance à un homme qui venait de lui rendre un service si important.

Quand Stasso jugea que le chevreau était suffisamment rôti, il le plaça sur un pain en guise de plat; ils s'assirent tous autour, et, à l'aide d'un sabre qui servit de couteau, des doigts qui, suivant l'usage de l'Orient tinrent lieu de fourchettes, d'excellentes mâchoires, d'un bon appétit et d'un profond silence, il ne fallut guère qu'un quart d'heure pour que tout disparût. Mustafa servit ensuite le café, et, quand ils eurent allumé leurs pipes, ils oublièrent les dangers et les fatigues de cette journée.

Osmond désirait savoir où Hassan avait dessein de le conduire et quel était ce personnage mystérieux; car le brillant costume qu'il portait ne s'accordait guère avec l'humble métier de *surugi* qu'il l'avait vu exercer; il le pria donc de lui apprendre quel était son rang dans le monde, après lui avoir renouvelé l'expression de sa gratitude pour le service qu'il lui avait rendu en le mettant à l'abri de la violence et de la cruauté des Turcs.

Hassan était circonspect : et il ne se serait pas compromis en faisant l'aveu qui lui était demandé, s'il n'eût su que tout mystère était désormais inutile : il consentit donc à satisfaire la curiosité d'Osmond.

—Je suis votre esclave, lui dit-il; je ne suis rien, je ne suis que ce que vous voudrez que je sois. Vous m'avez d'abord connu comme *surugi;* ce n'est pas ma profession. La vérité est que je suis le principal officier de Cara Bey, son *kiayah*, son lieutenant. En son absence, je commande et il a beaucoup de confiance en moi. Je me déguise quelquefois en *surugi* quand il est nécessaire d'avoir des nouvelles de ce qui

se passe sur la route et de savoir qui va
et qui vient. Pendant que vous voyagiez, et
quand, grâce à Allah! vous m'avez sauvé la vie,
mon maître était en embuscade, attendant une
caravane en route pour la Perse. Nous rencon-
trâmes en chemin deux de ses cavaliers qu'il
avait envoyés pour savoir qui vous étiez; je
leur donnai ordre de retourner près de lui, en
le priant de vous laisser passer librement, ce
qu'il fit en reconnaissance du service que vous
m'aviez rendu. Depuis ce temps, je ne m'étais
pas montré dans Kars où je ne suis pas connu
comme surugi; mais, ayant appris le projet du
pacha de donner le divertissement du *dgérid*, je
demandai à Cara Bey la permission de m'y
rendre; d'abord parce que j'aime passionnément
cet exercice, et ensuite parce qu'ayant été insulté par un des officiers du pacha, j'espérais
trouver une occasion de me venger. Mon chef
ayant consenti à ma demande, je montai sur
mon meilleur cheval, le plus beau de tout le
kourdistan, et, prenant avec moi un certain
nombre de mes compagnons, j'arrivai à Kars
dans la matinée du jour fixé pour la fête, et nous
formâmes, avec d'autres agas la troupe opposée
au pacha. J'aperçus mon ennemi dans les rangs,
et ma soif de vengeance augmenta. Lorsque
Stasso m'eut fait connaître votre situation, mon
plan fut formé sur le champ. Le pacha m'avait

déjà attaqué deux fois; je résolus de lui fournir l'occasion de le faire une troisième et de l'attaquer ensuite à mon tour. J'étais certain que ce manque de respect le mettrait en fureur; que le divertissement se changerait en combat et que, pendant le bruit et la confusion, je pourrais vous rendre la liberté. Les Turcs et les Kourdes se haïssent mutuellement, et la moindre étincelle ne manque jamais de produire un incendie. J'ordonnai à Sélim, montrant son compagnon, de prendre les chevaux de trois de nos hommes et de vous tirer de prison. Je savais qu'il y réussirait, car il m'a rendu le même service il y a quelques années. Mon projet s'exécuta comme je l'avais conçu, et, pendant la mêlée qui suivit, mon ennemi fut le premier qui tomba; je lui envoyai une balle dans la tête et il me reconnut en mourant. Je fis durer le combat le plus longtemps possible afin de vous laisser le temps de sortir de prison. Vous savez le reste, et, sans vous, j'aurais probablement été la victime des trois Turcs qui me poursuivaient de si près. Et maintenant, *ô agam!* ô mon maître! que puis-je vous dire de plus?

Osmond lui exprima de nouveau la reconnaissance qu'il éprouvait réellement et l'admiration que lui inspiraient l'adresse et la présence d'esprit dont Hassan avait fait preuve. Mustafa lui-même ne put s'empêcher de s'écrier : —

Mashallah! et, se trouvant alors hors de danger, une tasse de café devant lui et une pipe entre ses lèvres, il avait l'air parfaitement heureux et tranquille. Mais quelques instans après, quand il apprit qu'Hassan avait dessein de les conduire au château de Cara Bey et qu'il entendit son maître y consentir, il rémit par terre la tasse qu'il tenait en main; il n'eut plus la force d'aspirer la fumée de sa pipe, les poils de ses moustaches se hérissèrent, la sueur lui tomba du front et il présenta l'image vivante de la consternation. Il n'osa pourtant se hasarder à parler contre ce projet; le lieutenant de Cara Bey, qui était en face de lui, était un personnage trop redoutable pour qu'il risquât de lui déplaire ; mais il se promit de chercher promptement l'occasion de faire sentir à son maître à quel danger il s'exposait volontairement. Cara Bey avait toujours été le grand objet de sa terreur; toutes les fois qu'il avait été chargé de porter des dépêches de Constantinople à Téhéran, et qu'il avait traversé cette partie des frontières de la Turquie et de la Perse, il avait toujours évité avec le plus grand soin les environs de son château. On lui avait raconté tant d'histoires de son intrépidité et de ses cruautés, lorsqu'il détroussait les voyageurs ou pillait des caravannes, ainsi que de l'audace et de l'adresse qu'il déployait en bravant toutes les autorités, publiques des contrées qu'il infestait, que, se jeter entre ses mains les yeux ouverts et de bonne volonté c'était, suivant lui, un acte de démence complète, et, comme il se le disait tout bas, un acte dont un Anglais seul pouvait être capable. La sombre perspective qu'il envisageait le jeta dans des réflexions noires et lugubres. Enfin il dit en soupirant : — *Allah kerim der!* Dieu est miséricordieux! Et, s'abandonnant au *kismet*, au destin, il se coucha par terre à côté de ses compagnons qui avaient déjà enseveli soit leurs craintes, soit leurs espérances, dans le sein du sommeil.

CHAPITRE XV.

> Aussi surpris que curieux,
> Les rustres ouvraient de grands yeux ;
> D'abord ils se mirent à rire,
> Puis tombèrent dans le délire,
> Enfin devinrent furieux.
>
> BURNS.

LA sensation qu'avait faite dans la ville de Kars l'événement qui venait de s'y passer avait banni le souvenir d'Osmond de l'esprit de ses habitans. On ne parlait plus que des manœuvres de Cara Bey ; car on avait reconnu Hassan, son principal officier, et on l'accusait, non sans justice, d'avoir cherché à exciter le combat. Toutes les bouches proféraient des malédictions contre les Yézidis, et les Kourdes étaient compris sous cette dénomination. Le Turc tué par

Hassan, était un des premiers officiers du pacha; il jouissait de toute sa confiance; aussi ce grand dignitaire de la couronne ottomane fut-il transporté d'un courroux sans égal. Si pourtant on avait pu lire dans le fond de son cœur, on aurait peut-être vu que la principale cause de son indignation était le souvenir du coup de javelot qu'il avait reçu entre les deux épaules, avec si peu d'égards pour son rang.

Ce ne fut qu'au commencement de la nuit que le geôlier, qui avait quitté son poste pour assister aux divertissemens et qui n'était rentré dans la prison qu'après la fin du combat, découvrit l'évasion de ses prisonniers. Un Turc, quelque malheur qu'il éprouve, cherche du soulagement dans quelques exclamations, et le geôlier s'écria : — *Allah bela ver sin*, que Dieu t'envoie un revers! *Anna sena, baba sena satim*, j'ai vendu ton père et ta mère. Il continua à exhaler sa bile par des propos encore plus grossiers que nous nous abstenons de traduire, mais qui réussirent à lui procurer une résignation calme aux décrets du destin; il acheva de se consoler en fumant une pipe, et il se mit à réfléchir sur les suites que cet événement pourrait avoir pour lui. Il savait que le pacha était dans une violente colère, et s'il allait l'informer en ce moment que les prisonniers s'étaient évadés, il croyait déjà sentir le bâton lui tomber sur la plante des pieds. Il résolut donc d'attendre jusqu'au lendemain matin; la colère du pacha aurait eu le temps de se calmer, et peut-être se bornerait-il à le condamner à une amende.

Le lendemain matin, quand il apprit que le pacha était levé et s'était rafraîchi le corps et l'esprit en prenant un bain, il se présenta devant lui avec l'air le plus humble et le plus contrit : — *Ne oldou*, qu'est-il arrivé? lui demanda le pacha ne songeant pas à Osmond en ce moment.

— Comme je suis votre esclave, répondit le geôlier, j'ai une nouvelle à vous annoncer.

— Parle! de quoi s'agit-il?

— Le maudit Franc est parti.

— Comment parti? Où est-il en ce moment?

— Comment pourrais-je le dire? tout ce que je sais, c'est qu'il n'est plus en prison.

— Comment en est-il sorti?

— Il a enfoncé la porte et s'est enfui.

— *Pek agi*, fort bien! dit le pacha sans perdre son sang-froid. Il frappa des mains; un *chokhadar* arriva sur le champ, et il lui dit avec autant de calme que s'il eût donné ordre qu'on lui servît son dîner : — Emmenez ce drôle et donnez-lui cent coups de bâton sur la plante des pieds.

— *Aman! aman!* Pitié! pitié! s'écria le malheureux; mais ses cris furent inutiles, et il se soumit de bonne grâce à la volonté du destin. Il ôta lui-même ses babouches et ses bas, passa ses jambes dans le nœud destiné à les lever en l'air, se coucha sur le dos, et la sentence fut exécutée. Il retourna ensuite dans la prison aussi bien qu'il le put, en raccommoda la porte et se consola en disant : — Allah a été miséricordieux ; il aurait pu m'en coûter la tête.

Le pacha ayant fait avertir le mufti de ce qui venait d'arriver, cet important personnage se rendit près de lui une heure avant la prière de midi, et, après une courte conférence, ils résolurent d'envoyer chercher Suleïman aga et les principales autorités de la ville pour concerter les mesures qu'il pouvait être à propos de prendre. Chacun s'empressa d'obéir à cet ordre, et, en moins d'une demi-heure, tous étaient réunis dans la salle d'audience du pacha, assis sur des ottomanes et fumant de longues pipes. En faisant une enquête sur l'évasion de prison d'Osmond et de ses deux compagnons, on apprit qu'il avait lui-même favorisé la fuite d'Hassan en attaquant les trois cavaliers qui le poursuivaient. Cette découverte en amena une autre. Quelqu'un déclara l'avoir vu sortir avec Stasso, tous deux bien armés et bien montés, de la maison du teinturier arménien où il logeait, à l'instant où le combat finissait. On envoya chercher à l'instant même le malheureux Bogos qui arriva pâle et tremblant. Dès qu'il parut, chacun le salua de quelque épithète insultante. Fils d'un

chien! lui dit l'un. — Pourceau d'infidèle! s'é-
cria un autre. — Mangeur de boue! ajouta un
troisième. — Qu'est devenu le Franc? demanda
le mufti; répondez ou craignez pour votre vie. La
frayeur ne permettait pas au pauvre arménien
d'ouvrir la bouche. — Parlez! parlez hardiment!
lui dit le pacha d'un ton moins dur. — Où est-
il allé? demanda Suleiman aga. — A-t-il emporté tout son bagage? s'écria le mufti. Cette
dernière question rendit le courage et la parole
à Bogos, et, après avoir dit qu'en voyant arriver Osmond chez lui dans la soirée précédente,
il avait cru qu'il avait été mis en liberté par ordre du pacha; il ajouta qu'il avait encore chez
lui tout le bagage du voyageur, qui consistait en
un porte-manteau, une caisse de médicamens,
une petite toilette portative, quelques livres, des
cartes de géographie, des instrumens de physique, en un mot tous les objets que portent
ordinairement avec eux ceux qui voyagent pour
s'amuser et pour s'instruire.

Bogos, accompagné d'un officier et de quelques gardes, fut renvoyé chez lui sur le champ
pour qu'il en rapportât tous les objets qui ap-
partenaient à Osmond. Il ne tarda pas à revenir,
et il déposa devant le pacha tout le bagage du
jeune Anglais. La curiosité publique avait été
excitée en voyant passer dans les rues divers
objets de fabrique Européenne; dont on ne con-

naissait ni la forme ni l'usage; et une foule considérable se précipita dans la salle d'audience pour assister à la visite qu'on allait en faire.

On commença d'abord par examiner ce qui se trouvait dans le porte-manteau qui contenait le linge et les habits d'Osmond; on en tira successivement des gilets, des cravattes, des bas, des mouchoirs et des chemises, objets qui excitèrent la surprise générale, car on ne concevait ni à quel usage quelques uns de ces effets pouvaient servir, ni comment un homme pouvait avoir besoin de tant de choses. On admira un bel habit brodé qu'Osmond avait coutume de porter quand il se présentait en costume européen dans quelque cour ou devant des personnages d'un rang illustre; mais quand on vint à examiner des pantalons de peau pour monter à cheval, le plus savant des spectateurs ne pouvait se figurer quel pouvait en être l'usage; car il est bon que nos lecteurs sachent que les pantalons dont se servent les Turcs sont plus larges que le plus grand des sacs d'un meunier; qu'ils ont un trou à chaque coin pour y passer la jambe, et que, lorsqu'ils sont relevés et attachés par-devant, ils descendent de la hanche à la cheville. Il n'est donc pas extraordinaire que des pantalons faits pour coller sur la peau fussent hors de la portée de l'intelligence de la compagnie rassemblée, on eut beau des tourner et retourner dans tous les sens, on n'en fut pas plus savant. Enfin le mufti fut frappé tout à coup de l'idée que ce pouvait être un vêtement, et il fit avancer un *chokhadar* à longue barbe pour le lui essayer; mais le mufti s'était mis dans l'esprit que ce devait être une parure de tête; il plaça donc sur le turban du grave *chokhadar* la partie des pantalons que les tailleurs appellent le fond, tandis que les jambes lui tombaient sur le dos et sur les épaules.

— *Barikallah!* Louange à Dieu! s'écria le mufti; je vois ce que c'est. C'est la marque de dignité d'un pacha anglais à deux queues. — *Aferim!* bravo! s'écrièrent un grand nombre de voix; mais le pacha ne fut pas de la même opinion, et il envisagea les pantalons sous un jour tout différent et plus conforme à ses goûts.

— C'est sans doute la peau de quelque animal du Frängistan, dit-il en touchant les pantalons, et cela n'a jamais pu servir qu'à contenir du vin, de même que ceux qui ont le malheur d'en boire se servent d'outres en ce pays. N'est-il pas vrai, Bogos?

— Sans doute, votre altesse, répondit le teinturier encore tremblant; comme il vous plaira d'en ordonner.

— Emportez cette peau, dit le pacha au *chokhadar*; faites-en coudre les deux bouts avec

soin, et ce sera de l'eau qu'elle contiendra désormais. Et, dans le fait, le lendemain et les
jours suivans on vit passer dans les rues de la
ville les pantalons d'Osmond sur les épaules
d'un porteur d'eau; mais ils disparurent bientôt, et les malins dirent tous bas que le pacha
les avait fait remplir, pour son usage privé,
d'une liqueur plus stimulante, défendue aux
vrais croyans.

On découvrit dans le dessus du porte-manteau un tire-bottes pliant et une paire de crochets en acier. La vue de ces deux objets mit
les Turcs assemblés dans un embarras encore
plus grand. Par quel effort d'imagination au-
raient-ils pu supposer qu'ils avaient quelque
rapport à des bottes, chaussure qu'ils mettent
et qu'ils ôtent avec la même facilité qu'on
trempe un balai dans un seau d'eau? On pensa
d'abord que c'étaient des instrumens de né-
cromancie, puis qu'ils pouvaient servir à l'astro-
nomie; enfin on conclut qu'ils ne pouvaient
être que des instrumens de torture. Quoi de
plus convenable que le tire-bottes pliant pour
serrer les pouces et les jointures des doigts?
Quoi de mieux imaginé que les crochets pour
arracher un œil? Le pacha en voulut faire l'é-
preuve sur le champ; et comme l'extirpation
d'un œil sans aucun motif, tout Turc et tout
pacha qu'il était, lui paraissait quelque chose

de trop sérieux, il ordonna à son scribe favori
de placer un doigt entre les deux plians du tire-
bottes et se chargea lui-même d'appuyer. Les
cris que poussa le pauvre scribe excitèrent de
grands éclats de rires, et le pacha, convaincu,
donna ordre qu'on remît les instrumens de torture à l'exécuteur en chef.

On ouvrit ensuite la boîte de toilette, et, en
voyant les fioles qui s'y trouvaient, chacun
pensa qu'elles devaient contenir quelque chose
d'agréable au palais; l'un goûta de l'eau de Co-
logne, un autre de l'eau de Lavande, et leur
goût n'en fut nullement satisfait. Mais qui pourrait décrire les grimaces que fit le pacha lui-même,
quand, séduit par une couleur brillante, il eut
avalé une grande gorgée de teinture de myrrhe?
Le mufti ne riait jamais; mais il ne put répri-
mer un accès de gaîté en voyant les contorsions
du pacha, tandis que les autres spectateurs
baissaient les yeux et se mordaient les lèvres,
avertis par un certain frisson qui se communiquait à la plante de leurs pieds, qu'une physionomie grave était nécessaire en ce moment pour
détourner le bâton.

Pendant ce temps, l'iman dont nous avons
déjà parlé, et qui était connu pour avoir l'esto-
mac dévot, prit dans la toilette une petite boîte
montée en argent, l'ouvrit et y trouva une sub-
stance qui, par sa consistance et sa couleur,

ressemblait assez à de la marmelade d'abricots, et dont l'odeur lui parut si délicieuse, qu'il ne put résister à la tentation d'y goûter. Il y enfonça donc l'index, le chargea d'une aussi grande quantité qu'il le put de cette espèce de pâte, et, ouvrant la bouche, il le suça avec avidité, il se repentit bientôt de sa gourmandise et de sa curiosité. Les yeux lui sortaient de la tête, il toussait, crachait, et une écume blanche qui lui couvrait les lèvres pouvait faire croire qu'il avait une attaque d'épilepsie. — *Bak!* voyez! s'écria le pacha enchanté d'avoir un compagnon d'infortune, l'iman se trouve mal! Il est peut-être inutile de dire à nos lecteurs que c'était du savon de Naples qui lui remplissait la bouche. Les Turcs crurent que l'iman allait tomber dans des convulsions; ils craignirent qu'il n'eût un accès de fureur, et ils s'écartèrent de lui comme d'un pestiféré. Enfin le malheureux prêtre, attaqué de nausées insupportables s'enfuit précipitamment, chacun s'empressant de lui faire place et évitant de le toucher.

Leur ignorance leur fit commettre une foule d'autres méprises semblables; ils brisèrent un thermomètre et un baromètre pour voir ce qui y était contenu, et l'on ne saurait peindre l'étonnement dont ils furent frappés en voyant qu'ils ne pouvaient ramasser avec les doigts les globules de mercure qui se séparaient et se

réunissaient successivement. Une petite boîte
d'ivoire attira leur attention; elle était si bien ci-
selée, si jolie, si propre, que, comme des enfans qui se disputent un jouet, ils désiraient
tous en obtenir la possession. Enfin elle fut cé-
dée au mufti. Ce grave personnage avait ri aux
dépens des autres; mais personne n'avait encore
ri aux siens. Il prit la boîte qui fermait à vis ; il
la tourna dans tous les sens, et, à sa grande
satisfaction il réussit à l'ouvrir. Y trouvant une
petite fiole et un paquet de petits bâtons, il en
conclut que c'était l'espèce d'écritoire dont se
servaient le Francs ; que la liqueur contenue
dans la fiole était l'encre, et que les petits
bâtons s'employaient en guise de plumes. Il dé-
boucha la fiole, y plongea un des petits bâtons,
l'en retira: mais qui pourrait décrire sa terreur
quand il le vit s'enflammer dans sa main avec une
sorte de sifflement ? Il laissa tomber le bâton et
la boîte, ouvrit la bouche et les yeux et s'écria:
— Allah ! Allah ! il n'y a d'autre dieu que Dieu !
Ses yeux étaient fixés sur la boîte qu'il regardait comme ayant été fabriquée au fond des
enfers dont elle contenait le feu. Les Turcs
présens à cette scène étaient, comme lui, plon-
gés dans la consternation ; et, rangés autour de
la boîte à une distance respectueuse, ils attendaient en silence et avec inquiétude le résultat que produirait le feu surnaturel qu'ils avaient

vu. Cependant, comme la boîte et les bâtons restaient par terre fort tranquillement, on commença à se rassurer et l'on finit par rire de la
physionomie du mufti qui n'était pas aimé et
dont tous les traits exprimaient encore une
frayeur burlesque. Le grave Suleiman, qui avait
vu plus de Francs que les autres, s'approcha de
la boîte et se baissa pour la ramasser, quoique
avec beaucoup de circonspection; mais le mufti
le conjura, au nom du prophète, de ne pas y
toucher, et le pacha ordonna à Bogos de prendre la machine infernale et d'aller la jeter dans
la rivière, jurant que, si le diable paraissait encore devant eux, il ferait mettre à mort tous les
Arméniens et autres chrétiens qui se trouveraient dans son gouvernement.

Il ne restait plus à examiner que la caisse de
médicamens, mais, d'après ce qui venait d'arriver, personne n'était pressé de l'ouvrir, dans
la crainte de quelque nouveau désastre. Cependant, quand Bogos leur eut expliqué qu'elle ne
contenait que les remèdes employés par les
Francs pour guérir les maladies, il ne se trouva
pas un seul Turc qui ne désirât en prendre sa
part, croyant tous bien fermement que ce qui
guérissait les maladies devait aussi les prévenir.
Dès que la caisse fut ouverte, chacun alongea
le bras pour y prendre une fiole ou un paquet; mais le mufti, ayant encore devant les

yeux la crainte de l'influence de Satan, leur cria
de bien se garder d'y toucher. Le pacha s'avisa
d'un expédient : il ordonna à quelques uns de
ses gardes d'aller arrêter autant de juifs qu'il
en pourrait trouver dans les environs et de les
lui amener. Il y avait à Kars quelques uns de
ces malheureux proscrits qui y vivaient courbés
sous la tyrannie la plus insupportable, et, quand
il s'y commettait quelques actes d'oppression ou
d'exaction, ils étaient toujours sûrs d'en supporter leur bonne part. Quelques minutes après
que cet ordre avait été donné, une douzaine
d'entre eux furent conduits dans la salle d'audience, et on les rangea en file à l'extrémité de
l'appartement. On prit alors une bouteille dans
la caisse et l'on força un des juifs à avaler une
bonne dose de ce qu'elle contenait ; une autre
fiole servit à en médicamenter un second,
et l'on continua ainsi jusqu'au dernier. Les
pauvres juifs étaient consternés, se croyaient em-
poisonnés et maudissaient leurs tyrans du fond
du cœur. Les Turcs les considéraient en silence
et attendaient avec une gravité imperturbable les
effets que produiraient sur eux les liquides ou
les poudres qu'on les avait forcés de prendre. Il
n'est pas nécessaire de décrire les suites qui
résultèrent de l'émétique, des sels et autres
drogues qu'ils avaient avalés à large dose. Les
Turcs furent saisis d'horreur et chassèrent les

juifs avec dégoût; la caisse à médicamens fut refermée avec soin et fut jetée dans un coin; on fut convaincu que le grand diable avait paru en personne dans la ville, et l'on ne regarda plus qu'avec crainte et méfiance tout ce qui avait appartenu à Osmond.

Le fait de son apparition à Kars, de son évasion de prison et de son départ soudain fut un sujet de profondes réflexions pour le pacha et les autres dignitaires turcs; ceux mêmes qui ne pouvaient croire qu'il fût le diable étaient convaincus qu'il était quelque chose de plus qu'un homme. Il avait jeté la confusion dans toute la ville et son histoire était un mystère; il se nommait Osman, et cependant c'était un chrétien! il était Franc, et il parlait le turc comme un naturel du pays! il venait du nord, et il connaissait l'histoire et les costumes de l'orient mieux que les scribes les plus savans! Personne ne savait comment il était arrivé, et il avait disparu sans que personne sût comment. Il était évident qu'il était ligué avec le diable, puisqu'on l'avait vu avec un de ses plus célèbres adorateurs. Plus les Turcs réfléchissaient sur toutes les circonstances de son apparition parmi eux, plus ils secouaient la tête et plus leurs soupçons contre Osmond redoublaient de force.

Suleiman aga était à la tête de ceux qui pensaient ainsi. Suivant lui, ce n'était que par des

moyens surnaturels qu'Osmond avait pu exercer sur Ayesha une sorte de fascination, et il lui
attribuait même le redoublement de violence
de Zabetta. Les plus pieux musulmans proposaient de faire une purification générale de
toute la ville; on parlait sourdement de massacrer tous les infidèles; mais ce qu'on regarda
comme la mesure la plus urgente ce fut une expédition contre tout le vin qui se trouvait dans
la ville, et, avant la fin du jour, on n'y aurait
pas trouvé une outre qui n'eût été fendue ni
une jarre qui n'eût été brisée.

Pendant toute cette confusion, le pacha fut le
seul Turc qui ne fut pas attaqué de la même
frénésie que le reste des habitans; il regrettait
vivement la fuite d'Osmond, car, en l'envoyant
en prison, il avait espéré qu'en lui offrant la vie
il le déterminerait aisément à devenir son *pehlivan bashi*, c'est-à-dire son premier lutteur.
Qu'il eût fait un pacte avec le diable ou non,
c'était ce dont le pacha s'inquiétait fort peu
pourvu qu'il fût en état de renverser tous ses
adversaires. D'ailleurs il aurait été charmé de
contrarier le mufti en arrachant un Franc à sa
fureur, et il n'avait jamais vu ce grave personnage si humilié et si consterné que lorsque Osmond lui avait appuyé son pistolet sur le front.
Il aurait volontiers empêché la croisade contre
le vin; mais, comme il se le disait à lui-même :

que pouvait-il faire contre la prêtraille ? Rien ne
peut résister au pouvoir des prêtres quand ils
ont une fois mis en jeu la superstition. Il jugea
donc qu'il était prudent de hurler avec eux contre les buveurs de vin, dans l'espoir qu'ils fer-
meraient les yeux sur sa propre conduite et qu'il
lui serait permis de continuer à en boire.

Quand Suleiman aga fut de retour chez lui,
après les événemens que nous venons de rapporter, il trouva l'humeur de sa femme encore
plus aigre que de coutume. Le départ d'Osmond
détruisait l'espoir qu'elle avait conçu de se servir de lui pour l'exécution de ses projets ; elle
sentait que cet événement rivait ses fers pour
toujours. Quand verrait-elle à Kars un Franc
accompagné d'un Grec, et tous deux si bien
disposés à lui être utiles ? Elle pouvait vivre
jusqu'à soixante ans avant qu'un tel événement
arrivât. Elle fit sentir à son mari tout le poids de
sa rage ; elle lui prodigua toutes les épithètes les
plus insultantes qu'elle put imaginer, lui fit les
reproches les plus sanglans, l'accusa de rapacité,
d'injustice et de cruauté, lui dit qu'il n'avait
persécuté Osmond que par haine contre elle-
même, attendu qu'elle avait été chrétienne autrefois, et lui jura qu'elle s'en vengerait. Suleiman se retira, et alors elle fit tomber sa colère
sur Ayesha ; elle l'accusa d'avoir comploté contre elle, et lui reprocha de n'avoir pas su faire

usage de ses charmes pour subjuguer Osmond au point qu'il aurait abjuré sa religion plutôt que de renoncer à elle.

Ayesha supporta tout avec douceur; car son courage était soutenu par le souvenir de sa dernière entrevue avec son amant; ses derniers mots avaient ranimé l'espérance dans son cœur. Elle savait qu'elle pouvait se fier à lui, il l'avait assurée qu'il la reverrait; elle comptait sur cette assurance qui faisait tout son bonheur en ce moment, et elle laissait le reste entre les mains de la Providence. La suite de notre histoire exige que nous la laissions dans cette situation.

CHAPITRE XVI

> Plus j'avançais et plus j'examinais les
> restes de cette vaste cité, plus mon ad-
> miration augmentait.
>
> *Voyages de* KERR PORTER.

OSMOND et ses compagnons, pendant toute la
nuit, jouirent d'un aussi profond sommeil que
s'ils eussent été couchés sur le duvet; et, dès
que l'aurore parut, ils se remirent en route. Ils
voyagèrent d'abord en silence, il n'y avait d'autre indice de leur marche que le bruit des pieds
de leurs chevaux et la traînée de fumée qui sortait de leurs pipes et qui s'étendait derrière
eux.

Lorsque Mustafa eut fumé sa première pipe,

et tandis qu'il allumait la seconde, il songea
où il allait avec son maître, et, à mesure qu'il y
songeait, il sentait ses craintes augmenter. L'idée
de se trouver en face de Cara Bey le glaçait d'ef-
froi, et il en vint presqu'à se dire qu'il était
plus heureux en prison à Kars, avec l'espoir de
recouvrer sa liberté, qu'il ne l'était en ce moment où, quoique libre, il marchait, ainsi que
son maître, à une perte certaine. Il réfléchissait
et fumait, fumait et réfléchissait, et son esprit
était complètement égaré dans un labyrinthe de
crainte et d'incertitude; quelquefois il pensait
à rester en arrière et s'enfuir, mais, songeant à
la sotte figure qu'il ferait s'il était pris, il finissait toujours par préférer la protection de son
maître. Enfin, remarquant qu'Hassan était assez
en avant pour ne pas l'entendre, il s'approcha
d'Osmond et lui dit à demi voix, d'un ton mystérieux et presque suppliant : — Savez-vous où
ce drôle vous conduit?

— Au château de Cara Bey, répondit Osmond;
où voulez-vous qu'il nous conduise?

— Hélas! hélas! dit Mustafa en secouant le
pan de ses vêtemens; Cara Bey est un diable;
vous ne le connaissez pas. Il coupe la gorge aux
gens pour s'amuser comme il couperait un me-
lon; c'est la même chose pour lui. En comparaison de Cara Bey, le mufti de Kars est un
ange. Pourquoi aller chez lui? Nous sommes

dans une plaine, et elle est coupée par plusieurs routes.

Osmond ne put s'empêcher de sourire en voyant la physionomie alongée et l'air de terreur de Mustafa. — Comment donc, Mustafa, s'écria-t-il d'un ton encourageant, on dirait, à vous voir, que nous allons avoir la gorge coupée.

— Et c'est ce qui nous arrivera.

— Après avoir été tirés de prison par Hassan, nous ne pouvons honorablement refuser de le suivre. Le soupçonnez-vous aussi de vouloir nous couper la gorge ?

— *Allah bilir*, Dieu le sait; c'est un diable comme son maître.

— Diable ou non diable, s'écria Osmond, il faut que nous le suivions; nous ne pouvons faire autrement.

Mustafa n'osa répliquer; mais il pensa qu'ils pouvaient faire autrement. Ils étaient trois contre deux, et rien ne les empêchait de prendre le chemin que bon leur semblerait. Il soupira, leva les épaules et s'écria : — *Allah kerim !* Dieu est miséricordieux !

— Oui, *Allah kerim !* répéta Osmond; car de son côté, il n'était pas tout à fait sans quelque appréhension sur les suites de cette aventure. Il avait entendu parler si souvent du caractère sauvage et barbare de Cara Bey, de sa cruauté à l'égard de ses prisonniers et de sa perfidie envers ceux qui avaient eu confiance en lui, qu'il sentait lui-même qu'il commettait une imprudence en allant se livrer entre ses mains. Mais, d'une autre part, il réfléchissait qu'il ne possédait rien qui pût tenter la cupidité de personne : le cheval même qu'il montait ne lui appartenait pas. Hassan informerait bientôt ses compagnons que tout son bagage était resté en la possession des Turcs à Kars. D'ailleurs, au milieu de ses doutes et de ses craintes, il était toujours dominé par le souvenir du service qu'Hassan venait de lui rendre, et, quoi qu'il pût arriver, il décida que rien ne l'empêcherait de lui montrer sa reconnaisance en lui accordant une confiance pleine et entière.

Pendant ce temps, Stasso s'était tellement mis dans les bonnes grâces d'Hassan et de son compagnon, qu'il avait entamé une conversation avec eux sur un sujet qu'il regardait comme très-important à son maître et pour lui-même : la conduite qu'ils devaient suivre quand ils seraient en présence de Cara Bey. D'abord ils éludèrent ses questions, et il était évident que leur chef leur inspirait de la terreur. Peu à peu ils devinrent plus communicatifs; ils lui donnèrent à entendre qu'on ne pouvait se le concilier que par une soumission complète à tous ses ordres; qu'il était le plus méfiant de tous les hommes; que tout moyen lui paraissait bon pour

arriver à son but; enfin que, pour se débarrasser de quiconque mettait obstacle à ses projets,
il avait recours à la trahison quand la force ouverte ne pouvait réussir. Hassan convint qu'il ne
paraissait jamais devant lui sans trembler, et
que, quoiqu'il sût que son chef avait en lui plus
de confiance qu'en qui que ce fût, il était obligé
d'être circonspect dans ses discours comme
dans ses actions. Il le peignit comme supersti-
tieux au plus haut degré et ayant une foi sans
bornes dans le pouvoir des talismans et des
amulettes. Ses bras en étaient chargés; il attribuait une vertu particulière à chacun de ces
charmes et croyait que, réunis, il devaient le
préserver de tout danger. Il ne faisait pas un
mouvement sans consulter son prêtre, Yezidi
bien connu, sur le résultat de ce qu'il pro-
jetait, et cet individu ne le quittait presque
jamais. C'était en se livrant aux plaisirs les plus
grossiers qu'il se préparait à ses déprédations;
il était libéral envers ceux qui montraient de la
bravoure et du dévouement à sa personne, et
cette qualité, jointe à ses talens reconnus et aux
ressources qu'il savait trouver dans le danger,
était le secret qu'il avait pour s'attacher ceux
qui étaient sous ses ordres. Il était brave lui-
même, et il admirait tellement la bravoure dans
les autres, qu'un acte d'intrépidité fait sous ses

yeux ne manquait jamais de lui inspirer de l'intérêt et du respect.

— Comment traitera-t-il mon maître? demanda Stasso.

Hassan hésita à répondre à cette question; il eut l'air embarrassé, parut douter; enfin il eut recours à ce mot magique qui tire les Turcs de toute difficulté, et répondit *bakalum*, nous verrons.

C'en fut assez pour convaincre Stasso que son maître et lui devraient prendre leurs mesures pour se soustraire le plus promptement possible au pouvoir de Cara Bey, et qu'il faudrait recourir au stratagème s'ils ne pouvaient y réussir autrement. Il résolut donc d'examiner avec l'attention la plus scrupuleuse toute la contrée qu'ils auraient à parcourir jusqu'au château de ce chef redoutable, de remarquer la situation respective des montagnes, d'observer la direction des routes; en un mot, d'acquérir toutes les informations qui pourraient leur être utiles s'ils étaient obligés d'errer sans guide dans ce pays inconnu.

Ils voyagèrent ainsi pendant toute la matinée et s'arrêtèrent à midi pour laisser reposer leurs chevaux. Vers le soir, ils aperçurent dans le lointain le château de Cara Bey perché sur une hauteur qui commandait tous les environs. Pour y arriver, ils avaient à traverser une chaîne de montagnes arides au delà desquelles coulait l'Arpachaï, rivière devenue célèbre dans notre histoire par le trait de courage et de générosité que fit Osmond en sauvant la vie d'Hassan à l'instant où il allait s'y noyer. Nos cinq cavaliers continuèrent tranquillement leur route; ils n'avaient plus alors aucune crainte d'être poursuivis, car ils étaient sous l'influence du pouvoir redouté de Cara Bey. Il ne possédait pourtant aucun autre territoire que celui sur lequel était bâti son château; mais telle était la terreur qu'il inspirait, qu'on aurait regardé comme une témérité de passer à cette distance de sa demeure, à moins d'être en forces suffisantes pour lui résister.

Tout à coup, comme nos voyageurs tournaient le coude d'un défilé, les yeux d'Osmond furent attirés par la vue de ce qui lui parut une immense cité. Des murailles, des maisons, des dômes, des tours, des fortifications, s'offraient à ses regards en groupes massifs et présentaient l'aspect non de bâtimens mesquins et vulgaires d'une ville ordinaire d'Asie, mais d'édifices construits avec un goût exquis et sévère, et qu'un esprit rempli d'idées classiques aurait pu croire avoir été jadis la demeure de Grecs ou de Romains. Quoique la lune en éclairât quelques parties, tout le reste était couvert d'une ombre profonde, et l'en-

semble avait une apparence si sombre et si
mystérieuse, qu'un poète aurait pu appeler cette
ville là cité spectre. Osmond contempla ce
spectacle avec étonnement; il ne pouvait songer qu'à la vue sublime qu'il avait sous les yeux,
et il ne fit aucune question sur l'histoire de
cette ville qu'il avait aperçue si inopinément.
Il était certain que ce qu'il voyait ne pouvait
être que les restes de la célèbre ville d'Anni,
autrefois une des principales cités de l'Arménie.
Ses compagnons, dans leur ignorance, firent
à peine attention à ce qui faisait une si vive impression sur le voyageur anglais. Hassan lui dit
simplement que c'étaient les restes d'une ville
de *giaours*. Mustafa frémit en entendant le nom
d'Anni; il savait que ces ruines étaient un rendez-vous de brigands, il les avait toujours évitées
avec le plus grand soin dans tous ses voyages,
et sa consternation, en les voyant, était égale au
plaisir qu'éprouvait son maître. Stasso regardait
avec respect ces monumens du passé, car il distinguait de temps en temps les restes d'une
église et quelquefois même une croix les surmontait encore. Mais quand il apprit que c'é-
taient des églises arméniennes, ses préjugés
religieux l'emportèrent, et il ne daigna pas
même faire une seule fois le signe de la croix
qu'il aurait fait sans intermission si elles avaient
été consacrées jadis au culte grec.

Après avoir traversé une espèce de faubourg, les voyageurs entrèrent dans les rues désolées de cette ville. La lune ne donnait pas assez de clarté en ce moment pour qu'on pût en voir les ruines en détail, et un observateur superficiel aurait pu se croire dans une ville grande et florissante dont les habitans avaient été soudainement exterminés par la peste ou avaient abandonné leurs demeures d'un consentement unanime. Le profond silence qui y régnait avait quelque chose d'effrayant; les maisons succédaient aux maisons, et pas un son ne se faisait entendre. Osmond aurait volontiers fait quelques questions à Hassan; mais il remarqua qu'il semblait enseveli dans de graves réflexions et qu'il avançait plus lentement, comme s'il eût craint d'arriver au terme de son voyage. Il regarda Mustafa qui semblait le désespoir personnifié; Stasso interrompait de temps en temps le silence général en s'écriant : — *Ti diavolo*, que diable! Enfin on entendit dans le lointain un bruit vague et indistinct qui ressemblait au battement d'un petit tambour accompagné des cris de voix humaines; mais on n'aurait pu dire si c'était une douleur physique ou une joie bruyante qui les faisait pousser.

— Qu'est-ce que cela? demanda Mustafa tremblant de la tête aux pieds.

— Que peut signifier ce bruit? dit Osmond;

si nous étions dans le royaume des fées et des génies, on pourrait supposer que cette ville en est la capitale.

— Hassan aga! ma chère âme! s'écria Stasso, qu'est il arrivé? Quel est ce bruit que nous entendons?

Hassan fit arrêter son cheval, écouta avec grande attention pendant quelques instans et répondit ensuite en hésitant, et d'une voix qui n'avait rien d'encourageant : — C'est Cara Bey.

En entendant ce nom redouté, Mustafa serait tombé de cheval, de frayeur et de consternation, s'il n'eût été un peu rassuré par la fermeté d'Osmond qui, charmé de toucher à la fin de sa course, pressa Hassan de se remettre en marche et de le présenter à son chef le plus promptement qu'il serait possible.

Ils se dirigèrent vers l'endroit d'où partaient les sons qu'ils avaient entendus, et après avoir traversé plusieurs rues désertes et ruinées qui semblaient familières à Hassan, celui-ci s'arrêta tout à coup sous un cintre qui était tout ce qui restait d'une vaste porte donnant entrée dans la cour d'une grande maison. Il dit à nos trois voyageurs d'y attendre son retour et disparut à l'instant avec son compagnon. Le bruit de leurs chevaux, mis au galop, diminua à mesure qu'ils s'éloignaient et l'on cessa bientôt de l'entendre.

Osmond descendit de cheval, et, s'étant assis

sur un fragment d'architrave, il s'appuya la tête
sur une main et se mit à réfléchir. Le ton mystérieux qu'Hassan avait pris depuis peu, et l'air
d'embarras qu'il avait montré en s'approchant
de la demeure de Cara Bey, le portèrent à penser qu'il ne connaissait pas encore bien le caractère de ce chef formidable, et que, s'il ne courait pas près de lui des dangers réels, il aurait
du moins besoin d'une grande circonspection.
Plus d'une fois son esprit lui présenta la pensée qu'il pouvait encore éviter d'avoir une
entrevue avec lui en partant sur le champ et en
tâchant de gagner les frontières russes qui,
comme il le savait, ne pouvaient être fort éloi-
gnées. Mais d'autres idées écartaient toujours ce
projet; et la principale était l'image d'Ayesha
sans cesse présente à son esprit. Il ne pouvait se
résoudre à quitter des lieux où il pouvait encore
espérer de la revoir; l'abandonner pour toujours
lui semblait un crime presque aussi grand que
d'abjurer sa foi. Il s'était si complètement convaincu qu'elle n'était pas née de parens turcs,
et que son histoire, s'il parvenait à en être instruit, lui apprendrait des secrets dont la connaissance assurerait non seulement son propre
bonheur, mais celui de plusieurs autres personnes, que, chaque fois qu'il songeait à se soustraire à sa situation et à chercher une protection
étrangère, il croyait se rendre coupable d'injus-

tice et de cruauté envers Ayesha, et se disait que
la nécessité la plus absolue devait seule l'empêcher de chercher à soulever le voile mystérieux
qui la couvrait.

Mustafa et Stasso avaient aussi mis pied à
terre et étaient debout à quelques pas de leur
maître; ils avaient toujours eu les yeux fixés sur
lui depuis le départ d'Hassan, et ils croyaient
avoir remarqué en lui des symptômes d'impatience du délai qu'éprouvait son retour. Le bruit
étrange qu'ils avaient entendu et qu'ils enten-
daient encore par intervalles leur avait rappelé
les mille et une histoires, plus terribles les
unes que les autres, qu'on leur avait racontées
sur la vie et le caractère de ce chef. Ces sons
devenaient quelquefois plus bruyans, et l'on
aurait dit que quelque être infernal célébrait ses
orgies dans les environs.

Le tatar ne put garder le silence plus long-
temps. Cédant à sa terreur toujours croissante,
il supplia son maître de saisir ce moment favorable pour s'échapper; il lui représenta que la
vaste étendue de la ville et les ruines dont elle
était couverte leur faciliteraient les moyens de
se soustraire aux recherches, et, qu'une fois dans
la plaine, rien ne leur serait plus aisé que d'é-
chapper aux poursuites. — D'ailleurs, ajouta-
t-il, faisant un effort pour s'armer d'un courage
momentané, ne sommes-nous pas trois? *mas-*

hallah! vous voilà, me voici, et nous avons encore Stasso. Qu'on me parle de Cara Bey! Je me ris de sa mère, et je ne donnerais pas un para de lui si je vous voyais une fois en sûreté. En ce moment, il crut entendre le bruit d'un cheval qui s'approchait; sa valeur se glaça sur le champ et la frayeur lui imposa silence.

Stasso employa aussi tous les argumens qu'il put imaginer pour engager son maître à partir avant le retour d'Hassan. — Effendi, lui dit-il, qui sait ce que peut faire ce démon de Cara Bey? On entend dire partout que c'est le plus grand scélérat qui ait jamais existé, et qu'il n'est pas de crime qu'il se fasse scrupule de commettre. Hassan lui-même m'a dit tout-à-l'heure, et il frémissait malgré lui en me le disant, qu'il n'épargne ni homme, ni femme, ni enfant, pour satisfaire sa fureur, et que lorsque vous seriez en sa présence, il faudrait que vous eussiez grand soin de ne pas lui déplaire; qu'un seul mot peut suffire pour exciter son courroux et causer des malheurs. Il est encore temps de partir. Sur tout le chemin que nous avons fait, il n'y a pas un pouce de terrain que je n'aie observé; je sais quelle est la direction des montagnes; le pic d'Agilez n'est pas très-loin et l'on ne peut se méprendre sur la position d'Agridagh. Avant que quelques heures se soient écoulées, nous pouvons être sur le territoire de la Perse et alors au diable Cara Bey! Qu'en dites-vous, effendi? Briderai-je les chevaux? vous n'avez qu'un mot à dire, et nous sommes partis.

Les sollicitations de Stasso arrivaient dans un moment favorable, la longue absence d'Hassan impatientait Osmond et il ne savait qu'en penser. Tant qu'il avait été en marche et qu'il avait eu l'esprit occupé d'un seul objet, il n'avait songé ni aux dangers, ni aux difficultés qui pouvaient le menacer; mais cet interval de repos avait ouvert la porte aux doutes, aux inquiétudes et à de nouvelles réflexions. Il lui sembla qu'il lui serait plus facile de revoir Ayesha et de trouver quelque occasion de la servir s'il rendait à tous ces mouvemens une indépendance qu'il ne pouvait guère se flatter de trouver chez Cara Bey. Hassan lui-même tardait peut-être à revenir pour lui fournir l'occasion de s'échapper. Dans tous les cas, sa fuite ne pouvait lui paraître une marque de confiance en lui. En un mot tous ces raisonnemens venaient si bien à l'appui de la proposition qui lui était faite, qu'il résolut de céder aux instances de ses deux serviteurs. Il se leva; Stasso lui amena son cheval, Mustafa était déjà sur le sien et Osmond mettait le pied sur l'étrier, quand on entendit un cheval s'approcher au grand-galop. Pour cette fois le bruit était si distinct,

qu'il ne pouvait y avoir de méprise. Ce contretemps fit renaître toute la terreur de Mustafa ;
Stasso s'écria : — Ti diavolo ! entre les dents, et
Osmond, se mettant en selle, attendit l'événement. Hassan ne tarda pas à se montrer ; il avait
le front soucieux, il arrivait à la hâte et il parla
avec précipitation.

— Partons, aga, partons ! dit-il, le bey est
prêt à vous recevoir. Ne le faisons pas attendre.
Je l'ai vu, il veut vous voir.

— Hassan, dit Osmond d'un air grave, quel
accueil me fera-t-il ? Vous m'avez rendu un
grand service et je vous en ai prouvé ma reconnaissance en vous suivant ; mais si Cara Bey ne
doit pas bien m'accueillir, je ne me présenterai
pas devant lui.

— Venez, venez, aga ! s'écria Hassan avec
agitation. Il est très-vrai que le bey a un caractère irritable ; c'est du feu qui coule dans ses
veines ; il est impérieux et veut être obéi à l'instant. C'est pour cette raison que je vous prie de
me suivre sans aucun délai. Mais, *inshallah* ! il
vous recevra bien ; il n'est pas homme à repous-
ser ceux qui veulent toucher le pan de ses habits.
Au nom d'Allah, partons !

Osmond, cédant à l'impatience de son guide,
consentit à le suivre et se mit en marche, accompagné de ses deux serviteurs. Au bout de
quelques minutes, ils virent çà et là des têtes

se montrer derrière les ruines et des groupes
de chevaux attachés au piquet. Le nombre en
augmentait à mesure qu'ils avançaient, et il devint évident que Cara Bey était occupé de quelque expédition; ils virent des hommes revêtus
du costume pittoresque des Kourdes, portant la
lance qui les caractérise, et armés de pied en
cap, les uns remplissant les fonctions de senti-
nelles, les autres dormant étendus par terre;
plusieurs assis autour des feux qu'ils avaient
allumés. Tout cela annonçait le voisinage du
chef. On ne pourrait se figurer une scène noc-
turne plus frappante. De hautes tours à demi
renversées; de longs murs qui, de distance en
distance, semblaient avoir été battus en brèche;
des débris remplissant les rues tapissées de lierre
et d'autres plantes parasites, et au dessus le
disque de la lune qui jetait une lueur douteuse
sur une partie des objets, tandis que les autres
restaient ensevelis dans l'ombre.

Osmond se serait volontiers arrêté pour jouir
à loisir de ce spectacle; mais son guide le pressait d'avancer et il ne pouvait s'écarter d'un
homme qui était sa seule protection au milieu
des bandits qu'il rencontrait à chaque instant.
Enfin ils arrivèrent devant un grand édifice qui
était évidemment les restes d'une église chrétienne, bâtie en forme de croix; un des côtés, au
centre duquel était la principale entrée, se ter-

minait par un fronton très-élevé et donnait sur
une grande place. Un clocher de forme triangu-
laire surmontait le toit et présentait aux yeux
un style d'architecture qui avait tant de rapport
avec celui qu'on emploie en Europe pour les bâtimens destinés au culte religieux, qu'Osmond
avait peine à croire qu'il fût loin de tout pays
chrétien et au milieu d'un peuple barbare. La
place était remplie d'hommes armés évidemment
prêts à obéir au premier ordre de leur chef.
En ce moment Hassan, se tournant vers Osmond, lui dit d'une voix agitée : —Au nom
d'Allah! mettons pied à terre, le chef est ici.
Osmond descendit de cheval ainsi que Stasso
et Mustafa; trois Kourdes se chargèrent de leur
monture, et ils entrèrent avec Hassan dans une
cour qui entourait l'église.

CHAPITRE XVII

Détestable avorton ! vil sorcier ! porc immonde !
La nature, en souffrant ton entrée en ce monde,
Te marqua son esclave et le fils de l'enfer !

SHAKSPEARE.

La grande entrée de l'église qui depuis long-
temps avait perdu ses portes offrit aux yeux
d'Osmond la vive clarté d'un nombre immense
de torches qui en éclairaient les ornemens en
ruines aussi bien qu'une multitude considérable
d'hommes diversement costumés. Cette scène
était étrange et propre à faire impression. En face
était l'ancien autel, en avant d'un renfoncement
en pierres artistement sculptées, et au centre
duquel s'élevait l'emblême sacré de la croix.

La voûte, soutenue par des colonnes massives, était frappée par les rayons de cette lumière brillante et laissait voir des détails de sculpture qui auraient vivement intéressé un artiste. Les murs étaient divisés en compartimens dans lesquels on voyait les restes d'inscriptions arméniennes, et les fentes et les crevasses qu'on y voyait, ainsi que toutes les fenêtres brisées, offraient une preuve des coups lents, mais certains, que porte le temps à tous les ouvrages des hommes.

Les yeux d'Osmond ne purent s'arrêter sur des objets qui, en tout autre moment, auraient attiré toute son attention ; ils se fixèrent à l'instant sur un homme étendu dans une attitude à demi indolente, à demi animée, au milieu de tapis et de coussins placés sur les degrés de l'autel. Il serait difficile de décrire la contenance de cet individu et de donner une idée des sensations que sa vue fit éprouver à Osmond. Sa physionomie semblait le point de ralliement de toutes les passions malfaisantes.

Il avait ce genre d'embonpoint qui ressemble à la bouffissure, et, quoique son front eût la blancheur du marbre, ses joues étaient pâles et livides ; il avait le nez en bec de perroquet, la bouche bien faite, mais bordée de chaque côté, au bas des joues, par deux lignes profondément creusées. Mais c'étaient ses yeux qui donnaient

surtout un caractère infernal à l'ensemble de ses
traits; leur éclat était presque insupportable et ils
brillaient, sous l'ombre de deux sourcils épais,
comme des torches dans le fond d'une caverne; ils
ne pouvaient se fixer sur le même objet, et cette
obliquité des rayons visuels leur donnait une expression sinistre. Il avait en même temps les sourcils froncés et le sourire sur les lèvres; mais ce sourire était celui du mépris, et il le conservait même
en ayant sous les yeux le spectacle de la mort la
plus cruelle et des tortures qu'il ordonnait. Tel
était l'homme devant lequel se trouvait Osmond,
et cet homme était Cara Bey; il était de grande
taille, nerveux, et la largeur de sa poitrine et de
ses épaules attestait la force dont il était doué.

Tout ce qui l'entourait annonçait qu'il était
adonné aux plaisirs des sens. Ses serviteurs portaient des costumes variés et fantasques, mais
d'une grande richesse; des danseuses, légèrement vêtues en soie, ornées d'une profusion de
rubans et dont les cheveux tressés tombaient
sur leur sein et sur leurs épaules, exécutaient
devant lui des danses voluptueuses, et il avait
près de lui du vin et tout ce qui pouvait stimu-
ler un appétit glouton déjà rassasié.

Son seul compagnon était un individu fort singulier dont l'extérieur n'annonçait ni un homme
d'épée, ni un homme de plume; il avait l'air d'un
brigand enté sur un prêtre. Il était maigre et

d'une laideur repoussante; ses joues creuses et ses yeux ternes et enfoncés n'indiquaient pas qu'il partageât souvent les mets appétissans qui étaient servis à son chef. Il semblait avoir perdu toutes ses forces. On pouvait à peine distinguer ses traits, tant il avait le visage couvert de cheveux, de barbe et de poils, son menton pointu étant la seule partie qu'il tondît. La couleur des vêtemens qu'il portait, et qui offraient un mélange de noir et de blanc foncé, le rendait doublement hideux. Il était assis à une distance respectueuse de Cara Bey, et il ressemblait à un automate. Ce personnage était un prêtre des Yézidis; Cara Bey était un de ses disciples les plus dévoués, et il voulait toujours l'avoir à son côté; il le consultait en toute occasion, et il suivait tous les avis qu'il lui donnait après avoir accompli les rites étranges et extravagans de ce culte odieux.

Osmond resta debout quelque temps avant que Cara Bey fît attention à lui ou parût s'apercevoir de sa présence. Enfin Hassan, s'étant hasardé à l'informer de leur arrivée, le monstre leva les yeux, regarda en silence Osmond et ses deux compagnons, les examina de la tête aux pieds et dit enfin d'un ton trop bourru pour ne pas inspirer quelque doute de sa sincérité: — *Khosh geldin,* vous êtes le bien-venu.

Notre jeune Anglais répondit à ce compliment suivant l'usage et donna la plus grande attention à tout ce qui l'entourait; car il voyait évidemment que les circonstances exigeaient de lui la plus grande circonspection, et qu'il était à la merci d'un misérable qui ne se piquait pas d'être scrupuleux.

Après une pause de quelques instans, Cara Bey se tourna vers Hassan. — Ne m'aviez-vous pas dit que c'est un Franc? lui demanda-t-il.

— Oui.

— Quel est son nom?

— Osman, répondit Hassan donnant au nom d'Osmond la prononciation turque.

— Osman! il faut donc que ce soit un musulman; comment cela se fait-il?

— Osman est son nom.

— Parle-t-il turc

— Oui, répondit Hassan. Alors Cara Bey, s'adressant à Osmond, lui dit en élevant la voix :

— Comment se peut-il que vous soyez Franc et que vous vous nommiez Osman? Osmond chercha à lui expliquer la différence de prononciation et d'ortographe de ces deux noms; mais Cara Bey ne comprit rien à cette explication; il remarqua seulement qu'Osmond parlait le turc avec une telle perfection, que cette circonstance confirma ses soupçons, il fut plus que jamais convaincu que cet étranger n'était pas ce qu'il prétendait être.

— Nul Franc ne parle turc comme cet homme, murmura Cara Bey en se parlant en lui-même, mais assez haut pour être entendu. Écoutez-moi, dit-il à Hassan, s'il y a ici quelque trahison, votre tête m'en répondra. *Angna dinme*, vous m'entendez?

Osmond lui dit alors avec hardiesse : — Si nous vous inspirons des soupçons, ordonnez-nous de partir; nous sommes venus nous placer sous votre protection. Les Turcs nous ont indignement traités, et, sans votre officier, ils nous auraient mis à mort. Tout ce que nous demandons, c'est de retourner dans notre pays; envoyez-nous chez vos voisins les Moscovites; ou, si vous le préférez, chez vos autres voisins les Persans. Nous ne désirons pas rester avec vous si vous nous prenez pour des traîtres.

— Chez mes voisins les Moscovites! s'écria Cara Bey avec un ton d'ironie. Fort bien! *Ma-sallah!* vous me croyez donc un âne? Ainsi vous voudriez que j'envoyasse à mes plus cruels ennemis un homme qui est venu m'espionner dans mon camp! A mes voisins les Persans! encore mieux! les infâmes à turban rouge, qui ne passent pas une année sans chercher à me faire périr et à détruire mon château! Peut-être vous ont ils payé pour venir ici; mais, grâce au Ciel! Cara Bey n'est pas encore arrivé à ce point de stupidité. N'est-il pas vrai? ajouta-t-il en se tournant vers son prêtre.

Celui-ci murmura quelques sons inintelligibles qui exprimaient sans doute son assentiment à ce que disait son chef; et il reprit son attitude apathique et immobile.

— Que puis-je donc vous proposer? dit Osmond, mettez-moi à l'épreuve. Tout ce que je puis dire c'est que je ne suis pas mahométan; je suis Anglais. Je viens vous demander votre protection. Si vous ne voulez pas me l'accorder, *sen ektiar der*, vous en êtes le maître.

Cara Bey garda le silence quelques minutes, les sourcils froncés plus que de coutume; enfin il s'écria: — Que je vous mette à l'épreuve! et, s'adressant à son oracle: Y consentirai-je? lui demanda-t-il.

— Consentez-y, répondit le prêtre.

—Eh bien, dit alors Cara Bey, nul malheur n'est arrivé; je vous mettrai à l'épreuve. Si vous êtes Franc, vous devez connaître les manières des Francs et par conséquent des Moscovites. Écoutez-moi. Ce matin même je vais attaquer un village voisin qui leur appartient et où ils ont garnison; vous me prouverez si vous êtes mon ami ou mon ennemi. Si vous êtes mon ami, vous m'aiderez; si vous êtes mon ennemi... par ma barbe! je jure que, quand vous vous réfugieriez sous le trône du grand-père du roi des

Francs, je saurais vous y trouver; je ne vous en dis pas davantage. Mes yeux, les yeux de Cara Bey, et ils brillaient en ce moment d'une double férocité, seront fixés sur vous; vous ne pourrez leur échapper, et ce sont eux qui vous jugeront. M'avez-vous bien compris?

— Parfaitement; et je consens à l'épreuve.

— Soit! A présent si vous êtes Franc, que je vous voie vider cette coupe de vin.

Il envoya une coupe d'or pleine de vin à Osmond qui n'hésita point à la vider.

— *Aferin*, fort bien! dit Cara Bey aux yeux duquel boire du vin était une preuve qu'on n'était pas sectateur du prophète, et qui se moquait des scrupules des musulmans à ce sujet. Jetant alors un regard sur Stasso et Mustafa, il vit au costume du dernier qu'il était Turc, et il lui dit d'un air et d'un ton foudroyant : Qui diable êtes-vous?

Mustafa, tremblant de tous ses membres, bégaya quelques mots d'un ton si suppliant et si craintif, que la fureur de Cara Bay fit place à une gaîté grossière. — Et l'on vous appelle un homme en Turquie? lui dit-il.

— Que puis-je vous dire? répondit Mustafa, je suis un tatar et par conséquent un homme, si vous le trouvez bon.

— Un homme! répéta le chef en montrant du doigt le menton imberbe de Mustafa, ah! ah! ah!

Des hommes comme vous sont bons pour maintenir l'ordre parmi les femmes. Il en manque un
dans mon harem; voulez-vous en remplir la place?
parlez! et il partit d'un grand éclat de rire qui
fut répété par tous ceux qui se trouvaient dans
l'église. Les joues de Mustafa devinrent pourpres;
il étouffait de rage, et il eut besoin de faire les
plus grands efforts pour se contenir.

— Quant à vous, vous êtes un homme, dit le
chef en s'adressant à Stasso, et nous avons besoin de bras et d'épaules comme les vôtres. Qui
êtes-vous?

— Je suis au survice du beyzadeh Osmond,
répondit Stasso d'un ton ferme.

— Ces deux hommes, dit Osmond, m'ont accompagné dans mes voyages en Asie, et je puis
répondre de leur bonne conduite.

— Fort bien, fort bien, dit Cara Bey, *bakalum*, nous verrons.

Il but une grande coupe de vin, et, prenant
un ton de protection et de supériorité, il ordonna à Osmond de venir s'asseoir près de lui,
et fit un signal pour que la musique et la danse
recommençassent.

Il respectait encore assez les préjugés asiatiques pour ne point parler ouvertement de femmes; mais, comme la musique couvrait sa voix, il
fit force questions à Osmond sur ses aventures
dans la ville de Kars et notamment sur la fille de Su-

leiman aga ; il semblait qu'il avait entendu parler de ses charmes ; la description qu'on lui en
avait faite avait enflammé son imagination, et il
en parlait avec une grossièreté licencieuse qui ré-
voltait et indignait l'amant d'Ayesha. A peine
Osmond put-il répondre avec sang-froid à ses
questions qui tendaient principalement à savoir
dans quelle partie de la ville était située la maison qu'elle habitait et quels moyens seraient les
plus faciles pour y pénétrer. Il était clair que ce
monstre avait le projet d'enlever Ayesha, soit
par ruse, soit à force ouverte, pour la placer
dans son harem ; et le jeune Anglais ne put cacher l'horreur qu'il éprouvait que dans l'espoir
de trouver le moyen de détourner le coup
affreux qui la menaçait. Il fit serment de la protéger et de la défendre de tout son pouvoir et de
toutes ses forces, dût-il lui en coûter la vie. Mais
sentant que la dissimulation lui était nécessaire,
il eut l'air d'entrer dans l'esprit de la scène licencieuse qui se passait sous ses yeux, feignit de
s'amuser des attitudes lascives des danseuses, et
but toutes les fois que Cara Bey l'engagea à
boire. Il calma ainsi les soupçons de ce chef,
et il put réfléchir sur sa situation et sur la marche qu'il devait adopter.

Il était près de minuit quand Cara Bey, se tournant vers Hassan, lui ordonna de prendre soin
d'Osmond et de ses compagons ; de veiller à ce qu'il

ne leur manquât rien et surtout de fournir un
bon cheval au jeune Anglais le lendemain matin
pour l'attaque contre les Russes. Il congédia ensuite les musiciens et les danseuses, donna ordre
que chacun fût à cheval le lendemain deux heures avant le lever du soleil, et, s'enveloppant
d'un manteau de fourrure, il s'endormit à l'endroit même où il avait passé la soirée.

Abandonné à lui même, Osmond chercha
en vain pendant quelque temps le moyen de
surmonter les difficultés qu'il avait à combattre.
Il était entre les mains d'un homme que l'honneur ne lui permettait pas de trahir, quoiqu'il
fût évident qu'en le trahissant il ne ferait que
délivrer le monde d'un des plus grands scélérats
qui s'y trouvassent. D'une autre part, il s'était
en quelque sorte obligé à seconder les vues de
ce brigand, car sa sûreté personnelle l'avait
forcé de consentir à prendre part à une attaque
qui pouvait être meurtrière. Il sentait qu'il serait
inutile de chercher à fuir ; d'ailleurs, en s'en-
fuyant, il abandonnait toute chance de pouvoir
protéger sa chère Ayesha, et d'après tout ce qu'il
avait entendu dire du caractère de Cara Bey,
d'après ce qu'il avait déjà vu lui-même, il tremblait qu'elle ne tombât entre ses mains. Plus il
réfléchissait à ce qu'il devait faire, plus il était
dans l'embarras. Il sentait qu'il devait principalement compter sur le chapitre des accidens et

sur des efforts prompts et déterminés quand le
moment d'agir serait venu. Quoi qu'il pût arriver,
il résolut de ne prendre aucune part au combat
qui pourrait avoir lieu, et de ne s'en mêler que
pour sauver la vie de quelqu'un de ses semblables
ou pour empêcher toute effusion de sang.

Livré à toutes ces idées, Osmond n'avait pas
fermé les yeux quand le signal de monter à
cheval se fit entendre. Pour la première fois
pendant tous ses voyages il se sentit malheureux
et accablé; jamais il n'avait envisagé la possibi-
lité qu'il se trouvât ligué avec des brigands et
des meurtriers, et telle était pourtant sa situation présente. Entouré d'hommes féroces et
sanguinaires, le courage fut sur le point de lui
manquer, et il serait tombé dans le désespoir
si le secours de la prière ne lui eût rendu son
énergie.

La troupe ne fut pas long-temps à se rassembler. De tous côtés on voyait sortir du milieu
des ruines trois ou quatre cavaliers; tous se
dirigeaient vers le lieu du rendez-vous qui
était la place située en face de l'église dans laquelle Cara Bey était logé, et tous gardaient un
profond silence. Hassan vint prendre Osmond
pour le conduire à son chef qui était déjà à cheval
attendant le rassemblement de ses gens. Il montrait dans l'action autant de vigueur et d'intelligence qu'on lui voyait de nonchalance et de

sensualité dans le repos; il avait les yeux partout, donnait des marques d'approbation à ceux qui déployaient de l'activité, et des preuves de mécontentement à quiconque se trouvait en retard. Par intérêt pour lui-même il était libéral envers ceux qui lui montraient du dévouement, et, pour pouvoir exercer cette libéralité, sa rapacité ne connaissait aucune borne. Il leur parlait à tous avec familiarité; mais, quand il jugeait à propos de faire un acte de sévérité, le coup était frappé sans hésiter.

Toute la troupe était réunie quand Osmond arriva; elle se composait d'une centaine de cavaliers qui n'étaient pas rangés régulièrement mais qui formaient une masse compacte. Cara Bey fit à peine attention à Osmond quand il arriva; il avait chargé quelques hommes sur qui il pouvait compter de se placer autour de lui, et il ne songea qu'à donner tous les ordres nécessaires pour assurer le succès de son entreprise.

Le pouvoir croissant des Russes en Géorgie et au sud du Caucase les avait mis en contact avec les frontières de la Turquie. Ils avaient un poste avancé qui touchait presque à la base de la montagne sur laquelle était situé le château de Cara Bey; ils avaient souvent tenté de l'en déloger, mais sans y réussir; et de son côté il ne laissait jamais échapper une occasion de les

inq　　r. Tantôt il attaquait à l'improviste
leurs postes militaires et se retirait après avoir
fait quelques prisonniers, tantôt il faisait une
fausse attaque sur un point tandis qu'une partie
de sa troupe était à piller d'un autre côté. Dans
l'occasion présente, il avait été informé que la
garnison qui occupait le poste situé dans son
voisinage avait été récemment changée, et,
espérant profiter de l'inexpérience qu'il supposait au nouveau commandant, il avait résolu
d'attaquer son détachement, de le tailler en
pièces s'il était possible, ou du moins d'emmener
autant de prisonniers que le sort des armes
pourrait en livrer entre ses mains. Il avait
conduit sa troupe dans les ruines d'Anni pour
masquer ses opérations, et il se flattait de
surprendre ses ennemis et de remporter sur eux
une victoire facile.

Environ deux heures avant le lever du soleil,
la troupe se mit en marche. Elle traversa les
ruines en silence, et la seule voix qu'on entendît était celle du chef quand il avait quelques
ordres à donner. Mustafa tressaillait chaque
fois qu'elle arrivait à ses oreilles, et il ne
manquait jamais de l'accompagner de malédictions et d'exécrations, qu'il avait pourtant
grand soin de ne prononcer que du fond du
cœur. Stasso fit de son mieux pour prendre l'air
et les manières d'un Turc; mais il aurait voulu

pour bien des choses suivre son maître dans toute autre expédition. Osmond marchait absorbé dans ses réflexions, et jetait de temps en temps un coup d'œil vers l'orient pour voir si le jour allait paraître, ce jour qui, pensait-il, devait peut-être décider de son destin en ce monde.

CHAPITRE XVIII

> Ils levèrent une trappe cachée sous
> des nattes et me forcèrent de descendre,
> à l'aide de la corde, dans un puits dont
> je ne pus alors entrevoir le fond.
>
> *Voyage de* JAUBERT *en Arménie.*

LORSQUE l'aurore commença à paraître, les objets qui étaient restés jusqu'alors ensevelis dans l'obscurité se dessinèrent aux yeux graduellement. D'un côté, le *Tepeh-Dive*, ou la Montagne-du-Diable, espèce de rocher qui semblait être inaccessible, élevait avec une grandeur sombre et mystérieuse sa cîme dépouillée que couronnait le château fortifié de Cara Bey; de l'autre, vers l'orient, le pays était coupé par de petites montagnes volcaniques également nues et arides, et

offrait une longue perspective de terres qui n'é-
taient ni cultivées ni cultivables et qui ne semblaient pouvoir être utiles à l'homme qu'en formant une excellente frontière entre deux États
limitrophes.

Ces montagnes, de formes et de tailles différentes, augmentaient progressivement de hauteur,
et paraissaient enfin se perdre dans la grande
chaîne qu'on voyait à l'horizon, dont les deux
cônes d'Aligez forment la plus haute élévation et
qui est arrêtée du côté du sud par la plaine fertile et magnifique d'Érivan et par les montagnes
d'Ararat qui sont en face. On n'apercevait pas
encore le point vers lequel Cara Bey dirigeait ses
forces; ses cavaliers marchaient en silence et
jetaient de temps en temps un regard en avant
pour tâcher de découvrir l'endroit qu'ils allaient
attaquer. Leur chef, plein de confiance en lui-
même, marchait à la tête de sa troupe en homme
sûr de sa position. Osmond était derrière lui, et,
voyant qu'il était observé de près, il s'abstenait
de parler, quoiqu'il eût désiré pouvoir entrer
en communication avec Stasso et Mustafa. Hassan
était occupé à maintenir la troupe en bon ordre,
tantôt en avant, tantôt en arrière, quelquefois
sur les flancs, et donnant partout des ordres et
des encouragemens.

L'aurore fit enfin place au grand jour; l'orient
se dora des premiers rayons du soleil, et les

murs du château du brigand montrèrent leur
force presque inexpugnable. Tout à coup la
troupe arriva en vue d'un ravin au-delà duquel
on pouvait distinguer les misérables maisons
d'un village : c'était le poste avancé des Russes
sur cette partie des frontières turques ; le point
que Cara Bey se proposait d'attaquer.

Il mit sa troupe au galop pour descendre dans
le ravin, espérant le passer sans être aperçu et
attaquer la garnison par surprise ; mais, avant
qu'elle eût traversé un petit ruisseau qui coulait
dans le fond, on entendit un coup de feu, et en
quelques minutes on vit se former une ligne
d'infanterie qui se rangea en bon ordre la baïon-
nette au bout de fusil. Sans attendre un instant,
Cara Bey ordonna une charge générale ; mais,
comme cet ordre allait s'exécuter et qu'il tirait
lui-même son sabre hors du fourreau, la ligne
ennemie, qui avait eu le temps de se préparer,
fit une décharge de mousqueterie qui arrêta les
brigands et qui déconcerta les projets de Cara
Bey ; il n'avait plus à espérer de surprendre l'ennemi, et ses yeux étincelaient de rage. Il aurait
bien voulu trouver quelqu'un sur qui il pût la
faire tomber ; il jeta un regard de soupçon sur
Osmond, puis sur Stasso, enfin sur Mustafa ; mais
ses yeux méfians ne virent rien en eux qui an-
nonçât une trahison. Le fait était qu'une senti-
nelle avancée avait découvert la troupe à l'instant

où elle approchait du ravin, et, en tirant son coup de fusil, avait donné l'alarme à la garnison. Cependant Cara Bey n'était pas homme à battre en retraite sans coup férir, et il résolut de faire attaquer la ligne ennemie par ses cavaliers de tous les côtés à la fois.

Les Russes remarquèrent le mouvement, et, s'avançant sur un terrain plus ouvert ils se formèrent en bataillon carré et attendirent l'attaque. Cara Bey avait déjà vu faire une pareille manœuvre, et il savait que toutes ses tentatives pour ébranler cette masse n'auraient aucun succès. Se tournant vers Osmond, il lui demanda avec fureur quel dessein avaient les Francs en prenant une telle position, et il ajouta que, sans la présence malencontreuse de trois étrangers, l'affaire aurait tourné tout différemment. Il s'adressa alors à son prêtre à figure sinistre et lui reprocha, dans les termes les plus durs et les plus insultans, de l'avoir porté à entreprendre une expédition si désastreuse.

Précisément en ce moment, un officier, accompagné de quelques autres Russes, sortit des rangs et alla prendre position sur une hauteur voisine, soit pour mieux voir l'ennemi, soit par bravade et pour montrer combien il s'inquiétait peu de cette attaque. C'était un jeune homme de petite stature, maigre et ayant la taille très-serrée, suivant l'usage des Russes; portant un grand cha-

peau à cornes garni d'un plumet, et sans autres
armes qu'une épée qu'il tenait en main; ses compagnons étaient des officiers d'un rang infé-
rieur au sien. Dès qu'ils y furent arrivés, ils offraient un si beau point de mire, que tous les
brigands, qui se trouvaient à portée ou à peu
près, firent feu contre eux. Mais, quoique les
balles sifflassent aux oreilles des Russes, ils ne
firent pas un seul mouvement pour se retirer et
parurent disposés à se maintenir dans leur
position.

Cara Bey crut qu'il serait facile de les faire
prisonniers, et il ordonna sur le champ à un
détachement d'hommes d'élite de les tourner
de manière à leur couper la retraite. Se tournant
alors vers Osmond, il lui dit : — A présent,
Franc, faites-moi voir ce que vous êtes en état
de faire et que je sache si vous êtes mon ami ou
non. Partez, mes yeux sont sur vous. Osmond
aurait voulu pouvoir éviter d'obéir à cet ordre,
ce qui lui était impossible dans la situation où
il se trouvait; mais il espéra qu'il pourrait peut-
être empêcher l'effusion du sang. Il marcha donc
avec le détachement, monté sur un excellent
cheval kourde; grâce à son costume turc, il
avait l'air tout aussi Asiatique qu'aucun de ses
compagnons, et personne ne l'aurait pris pour
un Européen. L'idée de profiter de la bonté de
son coursier pour prendre la fuite se présenta

un instant à son esprit, quoiqu'il sût qu'il était surveillé avec soin ; mais il rejeta cette tentation en réfléchissant que ce serait livrer ses deux compagnons à une mort certaine, et peut-être manquer à l'honneur, quoique à l'égard d'un barbare qui en était entièrement dépourvu.

Le terrain était tellement inégal, que les cavaliers détachés par Cara Bey exécutèrent ses ordres sans difficulté. Ils entrèrent dans un petit ravin qui les cachait aux Russes, se placèrent entre eux et le bataillon carré, et ils allaient les attaquer quand la ligne du bataillon carré qui leur faisait face tira contre eux une décharge de mousqueterie. Tous firent volte-face, à l'exception d'Osmond et de trois autres, et les officiers russes profitèrent de ce moment de confusion pour retourner à leur corps principal. Tous réussirent à y arriver, excepté le jeune officier dont nous avons déjà parlé. Soit fierté, soit mépris des ennemis, il voulut se retirer à loisir et sans précipitation ; mais les trois cavaliers qui étaient restés lui coupèrent la retraite et s'avancèrent le sabre à la main pour l'attaquer. Il se mit sur la défensive, para le coup que lui portait un de ses adversaires et lui fit sauter le sabre des mains. Le second avait le sabre levé sur sa tête quand Osmond, ne voyant aucun autre moyen pour sauver la vie de l'officier russe, se précipita entre eux, reçut

sur son sabre le coup qui allait lui fendre le
crâne, et, le saisissant au collet avec cette force de
poignet qui le distinguait, il le traîna, jusqu'à
l'endroit où était resté Cara Bey. Pendant ce
temps l'officier russe criait à ses soldats de faire
feu; ceux-ci hésitèrent, de crainte de tuer leur
commandant; et quand ils obéirent enfin à cet
ordre plusieurs fois répété, Osmond et les trois
cavaliers étaient hors de portée.

Cet exploit de dextérité et de bravoure fut
l'affaire d'un instant. Cara Bey et ses gens pouvaient à peine en croire leurs yeux quand Osmond arriva avec son prisonnier. — *Aferin,
Frangi, aferin!* Bravo, Franc, bravo! cria-t-on
de toutes parts. Cara Bey lui-même parut enchanté; il fit le plus grand éloge de l'intrépidité
d'Osmond et l'appela *gardash*, son frère. Tous
ses soupçons s'évanouirent et il le prit en grande
faveur. Cependant, voyant que les Russes faisaient un mouvement en avant dans l'espoir de
délivrer leur officier, et croyant qu'un tel prisonnier pouvait être utile à ses vues, Cara Bey
ne voulut pas risquer de le perdre et il disposa
tout pour la retraite.

Ayant donné ordre qu'on liât les mains du
malheureux prisonnier derrière son dos et qu'on
lui bandât les yeux, il le fit mettre en croupe
derrière un de ses cavaliers et partit au galop
avec sa troupe pour mettre l'infanterie russe

dans l'impossibilité de le suivre. Pendant cette opération, à laquelle Hassan fut chargé de présider, Osmond resta près du prisonnier pour faire en sorte qu'il fût traité avec le moins de rudesse possible. Le jeune homme souffrit ce revers avec le courage d'un héros. Le cœur d'Osmond fut glacé d'horreur en voyant dans quelle situation il avait mis ce jeune officier; mais il ne put s'en faire un reproche, car ce n'était qu'ainsi qu'il avait pu le soustraire à une mort certaine. Il inspira à Hassan quelque intérêt pour le prisonnier, et celui-ci réprima la fureur des brigands qui auraient voulu le massacrer, tant ils étaient furieux d'avoir échoué dans leur entreprise et d'être privés du butin qu'ils espéraient.

Osmond vit sur le champ que le prisonnier était un jeune homme bien né; il avait des manières distinguées et un extérieur prévenant. Il aurait donné tout au monde pour pouvoir lui parler et le consoler en lui apprenant qu'il avait un ami parmi ces barbares; mais il craignit de se compromettre et de donner lieu à des soupçons, et il résolut d'attendre une occasion plus favorable.

Il y avait deux routes pour se rendre au château; l'une conduisait à la principale entrée; elle était plus longue, mais la montée en était plus douce et plus facile; l'autre était un sentier escarpé et raboteux, et on ne la prenait que dans des occasions extraordinaires. Cara Bey choisit un petit détachement pour conduire le prisonnier par cette dernière route, et il en prit lui-même le commandement. Hassan reçut ordre de rentrer au château par le chemin ordinaire avec le reste du corps, et Osmond de suivre le prisonnier avec ses deux compagnons.

Ceux qui composaient le petit détachement se mirent en marche tandis que Cara Bey donnait à Hassan quelques dernières instructions que nul autre n'entendit. Ils ne furent pas long-temps sans être obligés de mettre pied à terre, la montée devenant si raide et si difficile qu'il fallait conduire les chevaux par la bride. Osmond, qui s'était toujours tenu à côté du prisonnier, voyait qu'il était absorbé dans de pénibles réflexions; il laissait échapper de temps en temps une exclamation, mais toujours en russe, et il paraissait ne parler ni ne comprendre la langue turque. D'après son extérieur, Osmond présuma qu'il devait parler français, et la pitié qu'il lui inspirait l'emportant sur toute autre considération, il lui dit à voix basse : — Ne perdez pas courage ! vous avez ici un ami qui veillera à votre sûreté.

Ces mots furent une étincelle électrique qui frappa le jeune officier. — Parlez encore, qui que vous soyez ! s'écria-t-il en fort bon français; au nom du Ciel, dites-moi qui vous êtes!

— Chut! dit Osmond, pas un mot de plus! Nous sommes épiés.

Cara Bey, dont les oreilles aussi bien que les yeux étaient toujours aux aguets, avait entendu la voix du Russe. — Que dit ce chien? s'écria-t-il en s'adressant à Osmond.

— Le prisonnier implore votre merci, répondit le jeune Anglais; et je vous conjure d'en avoir pour lui.

— De la merci! répéta le brigand avec un sourire de triomphe sauvage, de la merci! Voyez-vous cet aigle perché sur ce rocher? a-t-il de la merci? Cara Bey a appris de l'aigle à faire la guerre. Voyez ce château, croyez-vous que j'en fasse une maison de plaisance pour de pareils chiens? Où avez-vous donc appris le métier de soldat?

— Le métier de soldat ne m'empêche pas d'avoir des sentimens humains, répondit Osmond. Dans mon pays, quand nous faisons la guerre, c'est aux États et non aux individus.

— Oh! s'écria Cara Bey, vous êtes un de ces fous de Francs qui se croient plus sages que tous les autres. Attendez que vous soyez arrivé dans ces murailles, et je vous apprendrai autre chose.

Mustafa et Stasso, qui étaient derrière leur maître, écoutaient avec attention cette courte conversation. La perspective d'avoir le château pour prison faisait trembler le premier ; le second n'était occupé qu'à examiner avec soin le chemin qu'on suivait, toutes les pointes de rochers qui s'y trouvaient, la position relative de toutes les hauteurs et montagnes qu'on apercevait et surtout celle du poste russe, espérant pouvoir profiter quelque jour des connaissances qu'il acquérait ainsi.

Enfin ils arrivèrent sur le sommet de la montagne et ils s'arrêtèrent devant les murs du château. En se retournant pour examiner le sentier qu'ils avaient suivi, Osmond vit évidemment qu'il fallait le connaître parfaitement pour ne pas s'égarer dans ses détours, et que ce n'était qu'en y arrivant qu'il était possible de découvrir la petite poterne qu'on ouvrit pour les faire entrer dans le château et qu'on ferma ensuite avec le plus grand soin. Cara Bey fit alors détacher le bandeau qui couvrait les yeux du prisonnier qui se trouva dans une grande chambre dans laquelle on entrait par la poterne. Le premier mouvement de l'officier russe fut de regarder autour de lui pour tâcher de découvrir celui qui lui avait parlé français ; mais, ne voyant que des costumes asiatiques, il crut que celui qui s'était dit son ami n'était pas près de lui en ce moment. Il reconnut Osmond pour le cavalier qui lui avait sauvé la vie en le faisant prisonnier, et, quoique ce fût un service dont l'utilité lui paraissait douteuse, il le vit avec in- térêt. Il chercha à faire entendre par signes qu'il désirait un interprète pour parler au chef; mais pendant qu'il s'épuisait en efforts pour se faire comprendre, deux hommes vigoureux le saisirent tout à coup, lui passèrent une corde autour de la poitrine et sous les bras, le poussèrent vers une trappe qu'on venait d'ouvrir, et à l'aide d'une corde le descendirent dans un puits profond. A la vue de cet indigne traitement, Osmond se retourna pour faire une remontrance à Cara Bey; mais il était déjà parti par une porte conduisant dans l'intérieur du château, et, à sa grande surprise, les deux coquins, en se retirant, fermèrent cette porte et l'y laissèrent prisonnier avec Stasso et Mustafa.

Une espèce de garde ou de geolier, qui était dans cette chambre quand ils y étaient entrés, y avait été laissé avec eux; c'etait un vieux Turc dont l'aspect annonçait de la douceur et de la bienveillance. — Que veut dire ceci? s'écria Osmond en s'adressant à lui; sommes-nous donc aussi vos prisonniers? N'est-ce pas assez pour votre maître d'avoir commis un acte de scélératesse infâme à l'égard de ce jeune officier, faut-il qu'il y ajoute une noirceur encore plus insigne? Le plus pauvre Arabe accorde l'hospitalité au voyageur, et, fût-il chargé d'or, il ne lui prendrait point un para tant qu'il est sous sa tente. Je suis venu demander la protection de votre maître ; il a prétendu me l'accorder, et il me prive de ma liberté ! Êtes-vous complice de cette trahison ?

— *Ne apalum*, que puis-je vous dire ? répondit le vieillard avec un mouvement des épaules ; si vous ne connaissiez pas le bey auparavant, vous le connaissez à présent. Je suis sous son autorité : je vous plains ; mais je ne puis vous servir.

— Où est Hassan, son kiaya ? s'écria Osmond, il faut que je le voie ; il y a sûrement ici quelque méprise.

— C'est un aussi grand coquin que son maître, dit Mustafa qui trouvait quelque consolation dans son malheur en voyant ses prédictions se réaliser. Ne vous ai-je pas dit que vous ne connaissiez pas ces scélérats ? Ils rient maintenant à nos dépens et se félicitent d'avoir été assez adroits pour vous attirer ici. Ah ! pourquoi y êtes-vous jamais venu ?

La rage de Stasso n'était pas moindre que celle de son maître, et son premier mouvement fut de chercher à enfoncer la porte ; mais le vieux Mahmoud le calma en lui disant : — Cessez de vains efforts, mon fils, ils ne peuvent servir qu'à vous faire descendre dans ce puits.

Restez où vous êtes, et soùmettez-vous à votre destinée.

Osmond ne put se persuader qu'on eût réellement dessein de le garder prisonnier. En réfléchissant sur toute la conduite d'Hassan, depuis le moment qu'il l'avait délivré de prison jusqu'à celui où il l'avait présenté à Cara Bey, il ne voyait pas quel avantage sa captivité pouvait procurer à l'un ou à l'autre. Il ne possédait rien qui pût tenter la cupidité ; et si l'on avait le projet de le déterminer à entrer dans la troupe, le mettre en prison était un mauvais moyen. Cependant il était impossible de juger de la conduite de Cara Bey d'après ce que tout autre eût fait en sa place ; car c'était évidemment un misérable dominé par le caprice, le soupçon, la jalousie et vingt autres passions semblables inconnues à Osmond. Après s'être livré quelque temps à ces réflexions, il s'approcha de la trappe, et, avec la permission du vieux Mahmoud, il la leva pour parler au jeune Russe.

Les premiers mots que celui-ci entendit firent entrer la consolation et l'espérance dans son cœur. — Pour l'amour du Ciel, s'écria-t-il, apprenez-moi qui vous êtes.

— Je suis prisonnier comme vous, répondit Osmond, quoique je sois traité un peu moins cruellement. Nous sommes tous deux entre les mains d'un scélérat ; mais ne perdons pas cou-

rage et ayons confiance en Dieu qui peut nous
délivrer.

Ils eurent alors une conversation dans laquelle Osmond raconta au jeune officier comment il était tombé au pouvoir de Cara Bey : il
crut devoir l'informer que c'était lui qui était la
cause qu'il avait perdu sa liberté, mais qu'il
n'avait agi ainsi que pour lui sauver la vie. Le
jeune Russe n'en pouvait douter, puisque Osmond avait paré le coup de sabre qui allait lui
fendre la tête, et, quelque dépit qu'il eût conçu
en se voyant enlevé avec si peu de cérémonie
sous les yeux de ses soldats, la reconnaissance
fut le seul sentiment qu'il éprouva alors. Il conta
à son tour à Osmond son histoire et ses aventures ; il se nommait Ivanovitch ; il appartenait à
une noble famille, et, ayant commis quelques
imprudences, il avait été par punition chargé
pour deux ans du commandement de ce poste
éloigné. Il dit que le souterrain dans lequel on
l'avait descendu était une espèce de puits sec
creusé dans le rocher, d'une trentaine de pieds
de profondeur, où l'air et le jour ne pouvaient
pénétrer qu'à travers une ouverture étroite per-
cée à environ deux tiers de la hauteur. Ce cachot
n'avait guère que six pieds de long sur cinq de
large. Il ne contenait ni lit ni siége ; un peu de
paille et un vase de terre étaient tout ce qu'il y
avait trouvé. Une excavation récente semblait

avoir été faite d'un côté de la prison, et avoir ensuite été remplie. Osmond ayant questionné sur ce sujet le vieux geolier apprit qu'on y avait déposé les restes d'un bey que Cara Bey avait fait mettre à mort peu de temps auparavant.

— Allah! Allah! s'écria Mustafa, pourquoi avons-nous quitté Kars? pourquoi avons-nous fait tomber des cendres sur nos têtes? Ne valait-il pas mieux manger du bâton chez les Turcs que d'être enfermés dans un trou par ces adorateurs du diable?

— Patience, mon fils! lui dit le bon geolier; si votre destin est d'être enterré dans un puits, à quoi sert de vous en affliger? Dites toujours louange à Allah quoi qu'il puisse vous arriver. Je suis musulman aussi bien que vous; cette barbe grise à éprouvé plus d'infortunes que votre menton n'en a jamais vu, et je n'en dis pas moins louange à Allah.

— Dites-le si bon vous semble, répliqua Mustafa; mais louange à Allah n'empêchera pas que je sois prisonnier. Cet homme est un beyzadeh anglais; qu'a-t-il de commun avec vos adorateurs du diable? Je suis à son service; qu'ai-je à démêler avec eux? Faites des Moscovites tout ce qu'il vous plaira, mais, quant à nous, le cas est tout différent.

Osmond et Ivanovitch d'une part, Mustafa et Stasso de l'autre, eurent respectivement de longues consultations ensemble et avec le vieux geolier sur les moyens à prendre pour éviter de passer la nuit où ils étaient; mais ils ne purent en trouver aucun, et force leur fut de se soumettre à leur sort. On ne leur envoya que la nourriture la plus grossière, et ils n'eurent d'autre lit que le plancher. La crainte qu'inspirait Cara Bey faisait que personne n'osait se permettre une remontrance quand il avait donné un ordre, et il semblait avoir pris une résolution définitive à l'égard d'Osmond et de ses compagnons. Quant au malheureux Ivanovitch, qu'il restât enseveli tout vivant dans la profondeur d'un puits ou qu'on enterrât son cadavre dans les entrailles de la terre, c'était ce dont aucun des habitans du château ne s'inquiétait. Mais, quelque déplorable que fût sa situation, celle d'Osmond l'était encore davantage; car l'officier russe n'avait à craindre que pour sa sûreté personnelle, et le jeune Anglais était en outre dévoré d'inquiétudes pour celle d'Ayesha; il ne doutait pas que Cara Bey ne fît tous ses efforts pour s'emparer d'elle, et si ce scélérat réussissait dans ses projets, comment pourrait-il la protéger, la défendre, s'il continuait à être détenu dans cette prison? Cette idée était désespérante; elle l'occupa toute la journée, et, quand la fatigue lui amena le sommeil, elle se représenta encore dans ses rêves.

CHAPITRE XIX

> Entre les sectes nombreuses qui se
> sont élevées dans la Mésopotamie, il n'en
> est aucune qui soit odieuse à toutes les
> autres autant que celle des Yézidis.
>
> *Notice sur les Yézidis,* par le père
> MAURICE GARZONI.

LES Yézidis, ou les adorateurs de Satan, comme on les appelle fréquemment, sont une de ces sectes nombreuses qui prirent naissance dans la Mésopotamie parmi les musulmans, après la mort de leur prophète. Elle fit surtout de grands progrès chez les Kourdes ; elle forme un chapitre curieux dans l'histoire de l'homme. Son fondateur fut le sheïkh Yézid, ennemi déclaré de la famille d'Ali ; sa doctrine est un mélange de manichéisme, de mahométisme et de la re-

ligion des anciens Perses; ses sectaires la con-
servent par tradition, car il leur est défendu de
lire et d'écrire.

Les mahométans les regardent comme une
race maudite : leur nom est synonyme des
mots, barbares, blasphémateurs et impies.
Comme ils n'ont aucun livre, il est très-difficile d'avoir des renseignemens exacts sur leur
religion; car ils se font une règle de garder un
silence mystérieux sur ce sujet. On dit généralement que le grand principe des Yézidis est
de s'assurer l'amitié du diable et de défendre ses
intérêts par le glaive. Jamais ils n'en profèrent
le nom et ils emploient même toutes sortes de cir-
conlocutions plutôt que de prononcer un mot
dont le son en approche. Le mauvais esprit n'a
pas de nom précis dans leur langue; ils le dési-
gnent comme le sheikh Mazen; ils reconnaissent les prophètes et les saints révérés par les
chrétiens et ils respectent les monastères qui
en portent les noms et qui se trouvent sur leur
territoire; ils croient que tous ces saints personnages ont été plus ou moins distingués pendant
leur vie, suivant le bon plaisir du diable; ils af-
firment que Dieu ordonne tout, mais que c'est
le diable qui est chargé de l'exécution de ses
ordres. Chaque matin, dès que le soleil paraît,
ils se mettent à genoux, les pieds nus et le visage tourné vers cet astre et ils l'adorent en

frappant la terre du front, ce qu'ils font toujours avec le plus grand mystère. Ils n'ont pas
de jours de jeûne et ils ne font aucune prière.
Pour justifier cette omission, ils disent que
le scheikh Yézid a fait en sa personne une
expiation générale de tous les péchés des hommes; que, dans les révélations qui lui ont été
faites, il a appris que l'effet en durerait jusqu'à la fin du monde, et que c'est pour cette
raison qu'il leur est défendu d'apprendre à lire
et à écrire. Cependant tous les chefs d'une tribu
ou d'un grand village ont à leur solde un scribe
musulman pour lire les dépêches qui peuvent
leur être adressées par les autorités turques et
pour y répondre. Toutes les affaires qui leur
sont personnelles se traitent toujours de vive
voix, et ils n'emploient jamais pour messagers
que des hommes de leur secte.

Ils n'ont qu'une seule fête religieuse et c'est
le 10 août qu'ils la célèbrent. Ils se rassemblent
alors en grand nombre dans les environs de
Sheikh Adi. Cette fête dure un jour et une nuit.
Les Yézidis y viennent des points les plus éloignés, et, en s'y rendant, ils ne se font aucun
scrupule de voler et de piller. Les femmes se
réunissent dans tous les villages d'alentour; on
boit et on mange toute la journée; quand la nuit
vient, on éteint toutes les lumières et l'on ne
prononce plus un seul mot jusqu'au lendemain

matin. Ils mangent de tout sans aucune distinction; ils ne s'abstiennent que de laitue et de
potirons et ils ne font que du pain d'orge; ils
emploient indifféremment les mêmes formes de
serment que les Turcs, les chrétiens et les juifs;
mais le plus solennel est par l'étendard d'Yézid.

Les Yézidis reconnaissent pour chef religieux
le sheikh qui gouverne la tribu chargée de veiller sur le tombeau d'Adi, restaurateur de leur
secte. Ce tombeau est situé sous la juridiction
du gouverneur d'Amadiah. Le chef de cette tribu
doit toujours être choisi parmi les descendans
d'Yézid; ses sectateurs ont pour lui un tel respect,
que leur plus grand désir est d'obtenir une de
ses vieilles chemises pour leur linceul, ce qu'ils
croient devoir leur assurer dans l'autre monde
le plus grand bonheur possible : une telle relique
se paie quelquefois jusqu'à quarante piastres;
mais quand on ne peut se procurer une chemise
entière, un morceau suffit. Quand ce chef désire
donner à quelqu'un une marque de faveur spé-
ciale, il lui envoie en présent une de ses vieilles
chemises. Les Yézidis lui portent secrètement
une partie du produit de leurs vols et de leurs
pillages pour l'indemniser de l'hospitalité qu'il
exerce envers ses sectateurs.

Le chef des Yézidis a toujours près de lui un
autre personnage qu'on appelle kotchek et sans
l'avis duquel il n'ose rien entreprendre. Cet in-

dividu est regardé comme un oracle, parce qu'on
dit qu'il jouit du privilége exclusif d'être le dépositaire immédiat des communications du diable. Quand un Yézidi doute s'il doit entreprendre une affaire importante, il demande l'avis
du kotchek, qui ne le donne pourtant pas sans
être bien payé. Pour donner plus de poids à son
avis, le kotchek, avant de répondre à la consul-
tation, s'étend par terre, se couvre tout le corps
et dort ou fait semblant de dormir, ce qui dure
quelquefois très-long-temps. Enfin il se lève et
fait connaître ce qui lui a été communiqué pendant son sommeil; après quoi celui qui le consultait prend son parti.

Le fait suivant servira à prouver l'influence
que possède ce personnage. Il y a bien des années, les femmes des Yézidis, de même que
celles des Arabes, portaient des chemises bleues
afin d'économiser le savon. Un matin, sans que
personne s'y attendît, le kotchek alla trouver le
chef des Yézidis et lui annonça qu'il lui avait
été révélé la nuit précédente que le bleu était
une couleur qui portait malheur et que le diable
l'avait en horreur. A l'instant même on envoya
des messagers à toutes les tribus pour leur no-
tifier que le bleu était à l'avenir une couleur prohibée, que tous vêtemens de cette couleur
devaient être détruits sur le champ, et qu'il fallait désormais adopter le blanc. Cet ordre s'est

exécuté avec une telle exactitude, qu'encore aujourd'hui, si un Yézidi, vivant avec un Turc ou
un chrétien, trouvait sur son lit une couverture
bleue, il la jetterait de côté et mourrait de froid
plutôt que de s'en servir.

Les Yézidis sont une des races les plus cruelles
et les plus sanguinaires qui soient connues en
Asie. On dit généralement que dans leurs guerres,
et surtout dans leurs escarmouches avec les
Turcs, ils ne font aucun quartier à leurs prisonniers et les massacrent tous indistinctement; cependant ils sont dénués de tout courage moral,
et quand leur intérêt ou leur sûreté l'exige, ils
n'hésitent pas à se dire chrétiens, juifs ou mahométans. Ils prétendent avoir la plus grande
vénération pour le Coran, l'Évangile, les livres
de Moïse et les pseaumes; et si on les accuse
d'être Yézidis, ils font sans scrupule le serment
solennel qu'ils ne le sont pas et abjurent ainsi
momentanément leur véritable foi.

L'esquisse que nous venons de tracer de cette
race singulière peut donner au lecteur une idée
des misérables entre les mains desquels Osmond
était tombé. Cara Bey méritait la réputation
qu'il avait acquise d'être un des Yézidis les plus
sanguinaires; il était toléré par le grand-seigneur,
ainsi que les autres membres de cette secte, parce
que, suivant l'opinion des docteurs et commen-
tateurs musulmans, on doit regarder comme un

vrai croyant quiconque fait sa profession de foi conformément à la doctrine fondamentale du mahométisme, qu'il n'y a d'autre dieu que Dieu, et que Mahomet est son prophète, quand même il ne remplirait aucun des devoirs imposés par le Coran. Cara Bey avait fait sans difficulté cette profession, et quand il était avec des musulmans, il conservait les dehors de cette croyance, quoiqu'il ne se fît aucun scrupule de les mettre à mort quand il pouvait le faire avec impunité; et, d'après les principes de sa propre foi, il croyait, en agissant ainsi, faire un acte méritoire aux yeux de son grand scheikh, le diable.

On disait qu'avant d'atteindre le degré de pouvoir dont il jouissait alors, il avait été exécuteur des hautes-œuvres du gouverneur d'Amadiah, et que le nombre de têtes turques qu'il avait fait tomber lui avait attiré une grande vénération de la part des Yézidis, qui, lorsqu'ils approchaient de lui, lui baisaient les mains qu'ils regardaient comme sanctifiées par le sang des Turcs. Mais le véritable motif de la sécurité dont il jouissait dans son château-fort était la protection secrète que lui accordait le capitan-pacha à Constantinople; il l'avait achetée, disait-on, à un très-haut prix, il avait soin de le maintenir dans des dispositions favorables en lui payant tous les ans un tribut considérable. Fort de cet appui, il bravait tous les efforts du pacha de Kars et des autres autorités turques de son voisinage, et il continuait, presque sans opposition, à être la terreur des voyageurs, des caravanes et de tous les environs.

Son château était un de ces édifices qu'on voit souvent en Arménie et qui couronnent le sommet de montagnes isolées. Son architecture portait à croire qu'il avait été bâti en même temps que la ville d'Anni, et il était évident que les Turcs, lors de leurs premières conquêtes vers l'orient, avaient voulu le conserver comme forteresse frontière. Les murs extérieurs qui l'entouraient étaient flanqués, de distance en distance, de tours carrées, percées d'embrasures; une porte massive donnait entrée dans la cour qui conduisait à un immense édifice dont le rez-de-chaussée servait de casernes, d'écuries et de logement pour les domestiques; et l'étage qui était au dessus était destiné à l'habitation du chef. Sur un rocher détaché, qui communiquait au bâtiment principal par un pont de bois, s'élevait une grande tour carrée qu'on pouvait regarder comme le fort proprement dit, et c'était là qu'Osmond, ses deux compagnons et l'officier russe étaient détenus. La position était redoutable, et le château était en état de se défendre contre les attaques de toutes les forces asiatiques, mais il n'aurait pu résister à l'artillerie européenne.

L'appartement qu'habitait Cara Bey était situé de manière à dominer tout le pays adjacent, arrosé par l'Arpachai, qui, s'étendant vers la plaine d'Érivan, se termine par les magnifiques montagnes dont le grand cône du mont Ararat, avec ses sommités inférieures, forme le principal trait. C'était là, qu'assis sur des coussins de soie, et les fenêtres ouvertes pour recevoir la brise, il passait la plupart de son temps quand il n'était pas en voyage; et, un télescope à la main, il examinait tout ce qui se passait aussi loin que la vue pouvait atteindre, ses yeux se fixant principalement sur la route que suivaient les caravanes pour aller de Perse en Turquie. Un corridor étroit conduisait de cette chambre au harem dont les appartemens étaient fort bas et éclairés par des croisées qui donnaient directement sur les murs de la prison. Là vivaient, dans un état de misérable servitude, de malheureuses femmes gardées comme des marionnettes dans une boîte, pour les plaisirs du maître; l'une d'elles portait le titre de kadun et avait une certaine prééminence sur les autres qu'on appelait ses esclaves. Mais cette supériorité était un bien faible avantage; car elle n'en était pas moins que les autres privée d'air, de liberté et de toute communication avec ses semblables. Les passions de Cara Bey ne connaissaient aucun frein; il avait entrepris plus d'une expédition dans le seul dessein de s'emparer de quelque malheureuse fille dont il avait entendu vanter la beauté, et il l'enlevait à sa famille, souvent au milieu des ruines de la maison de ses parens et pendant que ses gens pillaient et mettaient à feu et à sang le village qu'elle habitait.

Il vivait dans une méfiance constante de tout ce qui l'entourait. Osmond lui avait d'abord inspiré des soupçons; la bravoure qu'il avait montrée les avait dissipés; mais l'intérêt qu'il avait paru prendre au prisonnier russe les avait fait renaître avec plus de force que jamais, et telle était la cause de la détermination qu'il avait prise de le jeter en prison ainsi que ses deux compagnons. Il connaissait trop bien la situation des affaires à Constantinople et le pouvoir qu'avaient les ambassadeurs des puissances européennes de protéger les habitans de leurs pays, même dans leurs voyages les plus lointains, pour ne pas sentir que, si l'on venait à apprendre qu'il avait fait périr un Anglais, et un Anglais d'un rang distingué, comme le prouvait le titre de *beyzadeh* qu'on donnait à Osmond, tout le pouvoir du capitan-pacha ne suffirait pas pour le protéger, et tout l'or qu'il possédait ne pourrait acheter son impunité. Il ne voulait donc pas lui ôter la vie, mais il avait adopté la demi-mesure de le mettre en prison sans y ajouter la cruauté de le jeter au fond d'un puits comme Ivanovitch.

Cet arrangement, quelque satisfaisant qu'il pût être pour lui, ne l'était nullement pour Hassan, son kiaya, qui, réellement attaché à Osmond par reconnaissance et par l'admiration que lui avaient inspirée ses qualités, déplorait au fond du cœur le traitement qu'il venait d'essuyer. Vivant dans une crainte constante de son maître féroce, il n'osait lui dire franchement ce qu'il pensait à ce sujet; mais son air morne et abattu, la perte de toute son énergie, les réponses laconiques qu'il faisait quand on lui adressait la parole, prouvaient évidemment que la situation dans laquelle se trouvait son ami, celui qui lui avait deux fois sauvé la vie, le plongeait dans un profond chagrin.

— *Ne oldou?* qu'y a-t-il donc? lui demanda Cara Bey le lendemain de l'expédition contre le poste russe. Êtes-vous devenu un hibou, un chameau, ou, ce qui est encore pis, un chien de Turc? Vous êtes sombre comme si le jour du jugement était arrivé. Qu'avez-vous donc?

— Rien, répondit Hassan rabattant ses longues moustaches, soupirant et ayant l'air d'un malfaiteur condamné.

— Rien! Pourquoi donc êtes-vous dans une telle apathie? Regardez-moi! Vous connaissez Cara Bey! il n'aime pas une mauvaise plaisanterie. Par l'étendard d'Yézid, par ma barbe, ce qui est encore plus, je jure que si vous ne mettez fin à cette folle conduite, je ferai sortir l'âme de votre carcasse! M'avez-vous entendu?

— Vous êtes le maître de faire ce qui vous plaira.

— Mais parlez donc, du moins; parlez-moi! Voyons! n'êtes-vous pas somptueusement vêtu? n'êtes-vous pas bien nourri? les meilleurs chevaux de mon écurie ne sont-ils pas à vos ordres? n'avez-vous pas, après moi, la principale autorité dans ce château? que pouvez-vous désirer? vous faut-il aussi mon *musnud* [1] et mes sceaux? ajouta-t-il d'un ton moqueur. *Bismillah!* asseyez-vous, seigneur bey! Buvez, mangez, pillez, tuez, divertissez-vous! Que vous faut-il de plus?

— Que dit mon maître? répondit Hassan d'un air moins sombre et avec plus de hardiesse. Je ne possède rien au monde et je suis votre esclave. Gloire soit à Allah! votre générosité ne me laisse manquer de rien. Vous avez tout fait pour moi, excepté une seule chose.

— *Ne var?* quelle est cette chose? demanda Cara Bey ses sourcils froncés, tandis qu'un sourire sur ses lèvres donnait en ce moment à ses

---

[1] Trône. (*Note du Trad.*)

traits leur expression infernale. Que me demandez-vous?

— Justice, répondit Hassan d'un ton calme.

— Justice! répéta le monstre avec un éclat
de rire satanique. *Mashallah!* depuis quand
êtes-vous devenu moullah? Il faut que je vous
nomme mufti de ce château, je vous mettrai
sur la tête un turban vert aussi haut que le pic
d'Aligez, et, au lieu de monter à cheval, vous
resterez assis sur une ottomane et vous rendrez
des sentences. Justice!

— Vous êtes le maître; mais le fait est que mon
âme est malade. Notre honneur est perdu.

— Êtes-vous devenu fou? D'abord vous demandez justice et ensuite vous parlez d'honneur!
Est-ce que je me soucie d'honneur et de justice?
Et si je n'en fais aucun cas, pourquoi vous en
mettez-vous en peine, vous qui ne brillez que
d'un reflet de lumière? vous avez perdu l'esprit.

— En ce cas, répondit Hassan avec soumission, permettez-moi de remettre entre vos
mains la place de kiaya et de reprendre celle
d'un de vos gardes. J'ai les jambes et les bras
brisés; je ne puis plus rien faire que désirer
la mort, et je la chercherai à la première occasion.

Cara Bey ne répondit rien; il parut quelques
instans livré à de profondes réflexions; mais il
était évident qu'il avait l'esprit agité par un

tourbillon de passions malfaisantes. Enfin il lui dit d'un ton calme, mais qui annonçait une fureur concentrée : — Que me demandez-vous? Parlez, je vous l'ordonne.

— Le Franc que vous avez mis en prison m'a sauvé la vie deux fois, dit Hassan avec hardiesse. Je l'ai amené ici sous la foi de votre protection; vous avez manqué à cette foi; je vous demande sa liberté, et ma tête vous répondra de sa conduite.

A ces mots, le volcan éclata. Les yeux louches de Cara Bey s'armèrent de tout leur éclat et devinrent horribles à voir; des lignes bleuâtres se tracèrent sur sa physionomie pâle et livide et ses cheveux noirs semblèrent vouloir se dresser sur sa tête. Il serra les poings, se leva à demi et retomba sur ses coussins, comme épuisé par de violens transports; il semblait chercher des termes pour s'exprimer, et il en trouva enfin.

— Chien! coquin! bâtard! fils d'un âne! Je vendrai tes sœurs, ta mère, ta grand'mère. Je cracherai sur la barbe de ton père et de ton grand'père. Ne serai-je pas le maître de mes prisonniers dans mon château? crois-tu me faire la loi? Tu n'es pas même digne d'être fils d'un chien! Toutes ces expressions et un grand nombre d'autres du même genre se succédèrent avec tant de rapidité et d'emportement, que sa voix en devint rauque et il ne lui en resta que ce qu'il lui en fallait pour appeler les ministres de ses cruautés à qui il ordonna de donner au trop fidèle Hassan une bastonnade sur la plante des pieds sans spécifier le nombre des coups. Ce ne fut pas sans un effort sur lui-même qu'il s'abstint d'ordonner qu'on le mît à mort sur le champ; mais il savait qu'il avait besoin de ses services, et l'intérêt personnel l'emporta sur la colère. Hassan ne poussa pas un cri, ne fit pas entendre une plainte; mais le monstre ne mit fin à son supplice que lorsqu'il le vit sans connaissance, et on l'emporta dans son appartement.

Le démon, qui avait traité si cruellement son plus fidèle serviteur, aurait probablement fait aussi tomber sa vengeance sur la tête d'Osmond; mais il réfléchit heureusement qu'il venait de se priver des services d'Hassan pour une expédition qu'il avait fort à cœur d'entreprendre sans aucun délai; cette expédition avait pour but d'enlever Ayesha et de la conduire dans son harem pour en être la reine. Il avait si souvent entendu parler de sa beauté extraordinaire, et ce qu'il avait appris de ce qui s'était passé entre Osmond et elle avait tellement excité sa curiosité, qu'il ne songeait plus qu'aux moyens de se mettre en possession de ce trésor. Il combina plusieurs plans pour y réussir; mais tous présentaient de grandes difficultés. Avec l'activité, la bravoure et la sagacité d'Hassan, il se serait cru sûr du succès, et, en songeant qu'il venait de se priver de ce secours pour quelque temps, il fut sur le point, dans un nouvel accès de fureur, de se frapper la tête contre la muraille pour avoir souffert que son courroux l'emportât sur sa raison.

Pour tirer son esprit des doutes qui l'embarrassaient, il fit venir son *kotchek*, le prêtre dont nous avons déjà parlé; il lui demanda de lui faire savoir, d'une manière certaine, si le projet qu'il méditait réussirait ou non, et il lui en communiqua tous les détails. Cara Bey, qui s'était en quelque sorte arrogé la dignité de chef des Yézidis, s'était attribué aussi le droit d'avoir un kotchek près de lui, quoique ce privilége n'appartînt qu'au véritable chef de cette secte. Il s'endurcissait ainsi sur l'iniquité de ses entreprises, en rejetant la responsabilité sur le prêtre qui les sanctionnait.

Le kotchek, prévoyant les obstacles que rencontrerait l'exécution de ce projet, secoua la tête comme pour dire qu'il était bien difficile à accomplir; mais, dès qu'il vit le regard d'impatience de son chef, il commença à craindre, s'il refusait sa sanction, de s'en trouver mal. Il se mit donc en besogne sur le champ. S'étant couvert d'un grand manteau noir et ayant roulé sur sa tête un châle de même couleur, il s'étendit sur le plancher d'une chambre située dans

la partie la plus silencieuse du château ; il fut
défendu à qui que ce fût d'y entrer sous peine
de punition corporelle. Cependant il resta si
long-temps dans cette situation, en attendant
que le diable lui révélât l'avenir, que Cara Bey,
impatient, y entrait de temps en temps et lui
poussait le corps avec le pied pour accélérer ses
opérations. Enfin le prêtre se releva et annonça
à son maître qu'il réussirait dans son entreprise
pourvu qu'il partît de son château du pied gauche et qu'il lui donnât un certain nombre de
mesures de riz et de beurre et un agneau gras.
Il lui recommanda en outre de mettre la vieille
chemise que le grand sheikh de leur tribu lui
avait envoyée peu de temps auparavant, et surtout de la mettre à l'envers, sa sûreté dépendant
de cette précaution.

Satisfait de la prédiction de son kotchek,
Cara Bey lui promit de lui donner tout ce qu'il
demandait et même de régaler de pilau toute la
garnison et tous les habitans du château à son
retour de son expédition, si elle réussissait.

Il ne songea plus ensuite qu'à tracer le plan
définitif de son entreprise. D'abord il crut indis-
pensable d'obtenir d'Hassan, qui connaissait
mieux les localités de la ville de Kars qu'aucun de
ses gens, des renseignemens sur le genre d'attaque qu'il convenait d'adopter et sur le temps qu'il
fallait choisir pour en assurer le succès. Il ne

cessait de se reprocher, non sa cruauté injuste
et barbare envers son kiaya, mais son manque
de prévoyance en se privant des services d'Hassan à l'instant où il en avait le plus grand besoin. Cependant il se flatta qu'en employant les
remèdes convenables, sa guérison ne tarderait
pas et qu'il serait en état de prendre part à l'expédition projetée. Il se rendit donc dans une
chambre obscure que le kiaya occupait dans la
partie du château destinée au logement des principaux officiers; il le trouva dans son lit, souffrant des douleurs inouies et dévoré d'une fièvre
ardente. En s'approchant de lui, il lui parla
avec un ton d'affection hypocrite; l'assura que
son amitié pour lui n'avait souffert aucune dimi-
nution, alla jusqu'à regretter d'avoir cédé à un
moment d'irritation, et lui dit qu'il espérait le
voir bientôt complètement guéri. Il donna ordre qu'on le transportât dans son harem pour
que ses femmes pussent lui donner tous les
soins et tous les secours nécessaires, et il voulut
présider lui-même à ce transport qui s'effectua
sur le champ. On le porta donc à l'instant
même dans un appartement situé à l'entrée du
harem; on le plaça sur un bon lit garni de belles courtes-pointes et de coussins de soie, et l'on
eut pour lui les mêmes égards et les mêmes attentions qu'on aurait pu avoir pour le bey lui-
même.

Hassan resta comme passif entre les mains de ceux qui exécutaient les ordres de Cara Bey en sa présence ; il chercha pourtant à paraître reconnaissant des attentions de son chef, mais cette reconnaissance ne partait pas du cœur et n'était qu'un masque qui cachait ses véritables sentimens. Cara Bey avait oublié en un instant les nombreux services qu'il lui avait rendus et sa fidélité constante ; il l'avait puni injustement et avec la cruauté la plus barbare ; il l'avait traité comme le dernier des hommes qui étaient sous ses ordres, et Hassan avait juré de ne jamais lui pardonner. Quoique voleur et brigand de profession, il était naturellement reconnaissant et jamais il n'oubliait un bienfait ; mais il n'était pas moins vindicatif ; il ne pardonnait pas une injure et, comme il était plein d'intelligence et de ressources, sa haine était dangereuse. Ce sentiment était alors celui qui dominait dans son cœur, et Cara Bey en était l'objet ; le seul soulagement qu'il éprouvât sur son lit de souffrances était l'idée qu'il pourrait se venger un jour. Il était universellement aimé de toute la troupe, et il avait obtenu la confiance et le respect de ses compagnons par la présence d'esprit et la sagacité qu'il montrait dans les circonstances les plus difficiles. C'était à lui qu'on attribuait principalement les succès et l'élévation de Cara Bey ; on exécutait avec zèle et sans hésiter tout ce qu'il proposait, et plusieurs de ses compagnons d'armes pensaient que, s'il en avait eu l'ambition, il lui aurait été facile de déposer son chef et de prendre sa place.

Cara Bey, se faisant un mérite des soins qu'il prodiguait à Hassan, poussa alors la bassesse et la duplicité jusqu'à l'appeler son plus cher ami et le seul conseiller en qui il eût confiance; il lui parla ensuite du projet qu'il avait conçu et de la résolution qu'il avait prise de l'exécuter sans délai. — Mais, mon cher ami, ajouta-t-il, vous seul parmi nous pouvez me servir de guide dans cette expédition, et j'espère encore que vous serez en état de m'accompagner. Le butin ne nous manquera pas. Vous avez une dette à payer à ces vaches de Turcs, et ce sera une occasion favorable pour vous acquitter.

Hassan savait que la seule chance qu'il eût de pouvoir se venger dépendait de la dissimulation; il feignit donc d'entrer dans les vues du bey et lui dit que, s'il était seulement en état de se soutenir en selle, il le suivrait certainement, et qu'il était certain de pouvoir lui indiquer la maison dans laquelle Ayesha demeurait avec son père et sa mère : — Mais regardez mes pieds, ajouta-t-il, vous verrez que je ne puis m'en servir. D'ailleurs je suis brûlé par une fièvre si ardente, que je serais mort avant d'arriver à Kars.

Cara Bey parut vivement touché de ses souffrances ; il fit retirer les bandages dont on lui
avait entouré les pieds, et en les voyant il fut
convaincu qu'il faudrait presque un miracle pour
qu'il pût s'en servir d'ici à quelque temps. —
Que faire à cela ? s'écria-t-il ; et, après un moment de réflexion, il ajouta : Qu'on fasse venir
Mariam !

Mariam était une femme qui avait obtenu sa
confiance et qui remplissait les fonctions de
cuisinière ; elle était née dans le même village
du Kourdistan qu'Hassan ; ils s'étaient connus
dès leur enfance, et, s'il faut l'avouer, il existait entre eux un tendre penchant qu'ils ne s'é-
taient pourtant jamais avoué, attendu la sévérité
du maître qu'ils servaient.

Dès qu'elle arriva dans la chambre du malade, un voile négligemment jeté sur sa tête,
Cara Bey lui ordonna d'approcher du lit. —
Examinez ces pieds, lui dit-il, vous êtes en quelque sorte un *hakim*, un docteur ; vous savez
guérir les plaies et les meurtrissures ; il faut que
vous fassiez tous vos efforts pour rendre promptement à Hassan bey l'usage de ses pieds. Tenez,
ajouta-t-il en lui jetant une pièce d'or, prenez
ceci ; vous en aurez encore autant dès qu'il
pourra marcher.

Quand Mariam eut jeté un coup d'œil sur les
pieds du malheureux, meurtris et enflés au

point qu'ils ne formaient plus qu'une masse in-
forme, elle poussa un grand cri et se mit à se
lamenter; mais son maître, malgré la sensibilité
qu'il avait affectée, lui ordonna d'un ton brusque
de mettre fin à ses lamentations et de préparer
ses baumes et ses cataplasmes. Il se retira alors,
en promettant à Hassan de venir le revoir dans
la soirée, et Mariam commença ses opérations.

Nous ne dirons pas ce qui se passa entre eux;
mais la suite fera voir quels résultats importans
leur entrevue eut pour Osmond.

FIN DU PREMIER VOLUME.